臺灣歷史與文化 研究輯刊

十三編

第14冊

奚南薰篆書之研究（上）

沈禔暄 著

花木蘭文化事業有限公司

國家圖書館出版品預行編目資料

奚南薰篆書之研究（上）／沈禔暄 著 — 初版 — 新北市：花
木蘭文化事業有限公司，2018〔民 107〕
目 2+142 面；19×26 公分
（臺灣歷史與文化研究輯刊十三編；第 14 冊）
ISBN 978-986-485-306-9（精裝）
1. 奚南薰 2. 學術思想 3. 篆書 4. 作品集
733.08   107001599

ISBN-978-986-485-306-9

9 789864 853069

臺灣歷史與文化研究輯刊
十三編　第十四冊　　　　　ISBN：978-986-485-306-9

奚南薰篆書之研究（上）

作　　者　沈禔暄
總 編 輯　杜潔祥
副總編輯　楊嘉樂
編　　輯　許郁翎、王筑　美術編輯　陳逸婷
出　　版　花木蘭文化事業有限公司
發 行 人　高小娟
聯絡地址　235 新北市中和區中安街七二號十三樓
　　　　　電話：02-2923-1455／傳真：02-2923-1452
網　　址　http://www.huamulan.tw 信箱 hml810518@gmail.com
印　　刷　普羅文化出版廣告事業
初　　版　2018 年 3 月
全書字數　108720 字
定　　價　十三編 24 冊（精裝）台幣 60,000 元　　　　版權所有・請勿翻印

奚南薰篆書之研究（上）

沈褆暄　著

作者簡介

沈禔暄

學歷：國立臺灣藝術大學書畫藝術研究所

經歷：2010、2011 救國團士林分校 兒童美術老師、書法老師

2011、2012 樹林藝文協會藝文一夏 兒童美術老師、書法老師

2012、2013 板橋區大觀國小 書法社團老師

2017、2018 新北市立桃子腳國民中小學老師

得獎紀錄：

2014 台灣藝術大學優秀學位論文獎

2013 新北市竹籬笆書法比賽 社會組 優選

2010 台灣藝術大學書畫藝術學系書篆觀摩展 書法類 第二名

2010 第三十屆國書法比賽 特優

2009 台灣藝術大學書畫藝術學系校慶美展 第二名

提　　要

　　民國三十八年（1949）渡海書家眾多，而其中以奚南薰溫婉古樸的小篆很引人注目，且當時與丁念先有臺灣篆隸二妙之稱。首先於第二章介紹奚南薰家世及生平行誼，探討先生來臺後的生活，其主要本業雖為從醫，但對於書法藝術的熱情，猶然不減。是時，由陳其銓所劃分臺灣書法發展時期的「復甦期」與「重振期」兩時期為先生在藝壇活動參與熱絡之時，並對於臺灣書藝交流有一定之影響。

　　其次第三章以先生所著〈駑馬十駕〉與〈我的自南而北〉兩篇文章，探析先生自幼到老習書的過程，對於臨習各家碑帖與對自己習書的概念作出整理，以及由先生所參與藝之相關活動，能證明先生早年著立於各項北碑書法之研習，絜力深厚的根基。篆書則是以秦漢金石碑刻為主要臨習之範圍，偶臨唐篆，使先生對於小篆的嚴謹結構，能掌握得宜。

　　再者第四章以《奚南薰紀念專輯》、《奚南薰篆書冊》等刊出的作品集，來做篆書藝術的研析，由臨習金石古碑及清代鄧石如與吳讓之等書家影響下，是如何寫出古雅的小篆書風，以及由自運作品統整下，歸納出先生篆書藝術之風格，並探討一件署名為奚南薰，但風格與其迥異之作品。於後淺析先生其他書風之作，亦是精詣絕倫。

　　最後以先生與渡海書家的篆書風格相互比較，與當代學者對於先生的評論及對臺灣後事書壇之影響，來彰顯先生於臺灣書壇是佔有一席之地的重要地位。

謝　誌

　　能待在臺灣藝術大學書畫藝術學系如此溫馨的大家庭裡學習，非常快樂。隨著論文的付梓，即將畫上句點，這些年來的點點滴滴，充滿了許多美好的回憶。此次研究工作的蒐集資料不易，以致研究尚未臻完善，但本論文能順利完成，幸蒙林進忠老師在百忙中能細心指導，讓處於水深火熱的我頓時找到一盞明燈。另外林打敏老師提供許有關本論文的珍貴第一手資料，致使內容更為完備。兩位老師盡心的指教並不時地討論及指點我正確的方向，使我在此期間中獲益匪淺，老師對學術的嚴謹更是我學習的典範。

　　再者十分感謝永豪，及為我加油的朋友們，因為你們的支持與協助，讓我能夠在最後順利把論文完成。最後謹以此文獻給我摯愛的雙親。

沈禔暄　謹上

目

次

第一章　緒　論

　　奚南薰（1915～1976）是近代臺灣書壇的篆書大家，尤以傳承清代小篆名家書風最為精妙。自篆書源起發展、秦漢至唐代篆書的風神流變，乃至明清時代金石學與篆隸書法大興，在復古風氣之下的新古典創作思潮，進而延續並進行了大膽的探索，表現出與傳統不同、極具創新意識的藝術魅力，拓展了篆書創作的思路，推進了篆書藝術的發展。若從奚南薰的研習歷程加以回顧檢視，整個歷史時代發展的書學背景，正是孕育造就出奚南薰篆書造詣成就的資源要素。

第一節　研究動機與目的

一、研究動機

　　中國書法是世界上獨有的文字視覺藝術，其由漢字的變化組合及結體規律，再加上特殊的書寫工具相互配合，就可以表現出千姿百態的書法藝術，並且創造出不同面貌和書家所抒發的情趣美感。篆，說文謂「引書也」，清代段玉裁注《說文》云：「引書者，引筆而箸於竹帛也，因知李斯而作，曰篆書」。或唐代張懷瓘《書斷》云「篆者，傳也，傳其物理施之無窮」。《說文》敘，則以史籀篇之籀文為「大篆」，以「秦篆」為「小篆」。

　　小篆是以秦文為主，是承接西周、下啟兩漢的字體，在字形結構上是長期衍化省改籀文而歷經約定俗成所成的。今從已知的文字資料；殷商甲骨、西周金文、東周玉石簡、石鼓文、簡帛書，可以見得是一脈相承，逐漸演變

而來。中間或因春秋戰國群雄分治，書體容有些許分化，各國略有小異，而字體大致仍守「書同文」的規範。〔註1〕而秦始皇紀功刻石文字，如〈瑯琊臺刻石〉與〈泰山刻石〉，歷來均被認為是以標準而規範的小篆寫成。根據後世傳臆記載，此二刻石為李斯所書，故影響其後深遠。而唐代李陽冰更是標榜效李斯之法，此種寫篆風氣影響元、明、清代書家，故二位有「二李」之稱的美譽。

　　清代樸學的興起，豐富了圖書典籍，使清代文化高度成熟，也造就清代圖書事業的繁榮。清代書學相關研究範圍包括文字學、訓詁學、校勘學、考據學，而金石學亦可包含文字學在內。金石學的建立和興盛始於宋代，不僅研究者眾，且著述豐富，而至元、明時期，金石學則略有發展。直至清代乾隆、嘉慶年間，受到乾嘉學派的影響，使金石學發展達到鼎盛。由於金石考古之學的發達，碑學亦興起而受人重視，書家精於鑒別，詳於考訂，潛心研究文字學，使篆隸書體至此時期，開創書法史上另一高峰。而清代晚期書法名家輩出，如鄧石如、吳讓之、趙之謙、楊沂孫、吳大澂等，影響其後的篆書風格甚遠。

　　清末民初，金石學研究範圍又包括新發現的甲骨和簡牘，故民國後的篆書面貌更為多元，小篆亦受清代篆書風貌之延續。民國三十八年（1949）國民政府遷臺，大規模、大數量的中國古代碑帖，隨著政府官員、文士自中國來到臺灣，其中不乏許多知名的藝壇書畫界人士，他們大多帶有傳統文人雅士的特質，甚或詩書畫兼擅，藝術風格則承襲晉唐以來雅正、氣和的書風。〔註2〕渡海眾書家中，以吳敬恆、陳含光、宗孝忱、錢大鈞、高拜石、奚南薰、孔德成、王壯為、吳平、王北岳、丁翼等人均負書名，其中奚南薰為濟世儒醫，在行醫之餘仍不廢筆墨，書法藝術造詣精深，更為時賢所共推重。先生篤行醇忱，澹泊自適，詞翰高逸，類其為人，與丁念先有臺灣篆隸二妙之目。

　　而眾多優秀的渡海書家中，篆書風格各有面貌，有大部分受金文大篆或石刻小篆的影響較深，而有極少部分以新出土的簡帛書風為主，字體形態活潑多變。奚南薰在如此大環境的時代背景孕育下，以其家學與個人天賦後加勤勉，且傳承規矩嚴謹的清代小篆名家書風最為稱羨，並加入自己對篆書藝

〔註1〕張光賓：《中華書法史》（臺北市：臺北商務1981年）第12頁。
〔註2〕李郁周：〈五十年來臺灣書壇鳥瞰〉，《臺灣書家書事論集》（臺北：蕙風堂，2002年）第224～225頁。

術的想法，使嚴謹書風帶有文人的書卷氣息。而此較爲辛苦習篆之路，但在渡海書家篆書風格中，奚南薰在臺灣書法藝術的殿堂上佔有一席之地。

二、研究目的

奚南薰醫道精湛，在書壇更享譽盛名，但其相關資料零散且專書極少，而其博大的書法藝術，至今尚無人進行專門的研究，爲了使曾經名重於當世藝壇的奚南薰的書法藝術能夠使後人能更清楚的了解。本文以奚南薰的篆書創作爲主要之研究內容，也藉由對書家的了解，學習其創作理念、美學思想，再與同時期有相互關係的書家書風的旁涉，期能了解當時篆書書風的變化，以及培養個人宏觀的眼光，進而充實自己對於篆書上的書寫能力。本論文主要研究目的有四：

（一）由奚南薰的生行平誼，可得知奚南薰在書法學習路上勤奮不懈的精神，及在藝壇上參與藝文之相關活動。

（二）以奚南薰所著的兩篇文章，了解奚南薰的師承及對於自身習書經歷過程，能有清楚的脈絡。

（三）經由奚南薰的書寫工具、慣用技法、臨習書跡及自運作品的分析，可歸納析論奚氏的擅專書法風格特色。

（四）奚南薰與丁念先有臺灣篆隸二妙之稱譽，奚南薰作品在眾書家中別具一格，且博得眾采，藉由渡海書家的篆書作品相較對照，進而論證奚南薰在臺灣書壇上佔有一席之地。

第二節　研究內容與範圍

一、研究範圍

本文以奚南薰四十四歲至六十一歲的篆書創作及篆書作品的解析爲主要研究範圍，並側重於書跡的淵源、書寫的技法、工具的使用、未紀年作品的時間推斷及書寫審美觀、藝術觀的分析研究。而奚南薰的生平行誼、在藝壇上的活動及書法展示等其他相關活動，亦是本文所要研究的部分。本論文主要的研究內容，包括：

（一）藉由報章雜誌以及奚南薰與好友之間的信札，可得知奚南薰的生平行誼，與至晚年生病後，仍然對書法努力不懈、永不放棄的精神，以及在藝壇上所參與之活動的相關紀錄。

（二）主要以民國五十九年（1970）刊登〈駑馬十駕〉一文於《藝壇》第三十期及民國六十年（1971）刊登〈我的自北而南〉一文於《中國藝文》創刊號，在兩篇文章裡他憶述自己從幼時至晚年的習書歷程，並整理出每時期所接觸的碑帖，足資了解其習書之脈絡與對書寫時的看法。

（三）由奚南薰署款之習慣，來推斷未紀年作品之書寫時期，而其慣用的書寫工具，則亦造就奚南薰篆書的走向。再由本論文所蒐集八十餘件之篆書作品來進行臨習書跡的比較，而影響其後的自運作品風格，最後歸納出奚南薰作篆時的習慣技法與前、後期書法風格變化差異，以及個人書風的樹立。並介紹其他各體書風代表作品及手稿的書法藝術概述。

（四）經由同時代擅寫篆書的書法家，進行書風之比較，而評論出奚南薰在眾書家中的篆書風格，是不同凡響的，並影響其後臺灣篆書風格發展之面貌。

二、研究限制

有關奚南薰的生平記述，以及三十四歲來臺前與四十四歲以前的作品與行誼，因其傳世資料及相關書籍甚少，且先生作品專書也唯有《奚南薰先生紀念專輯》一冊，裡面只刊五十歲後的作品圖錄，對於先生來臺初期之篆書作品，幾無可尋。所以本文僅為以四十四歲至六十一歲，十七年間的篆書書風的改變作為比較，是本研究的基本限制。

第三節　研究方法及主要研究資料

一、研究方法

（一）文獻分析法

本文需廣泛蒐集奚南薰的書跡、手稿等。從民國三十八年（1949）來臺共二十七年，期間曾刊登過奚南薰的刊欄或是報紙新聞，直至其逝後的資料

及後人研究文章等等，必須加以彙整，並把相關資料進行分類並整理分析，此運用在本論文第二、三、五章節中。另外於第四章中，研討奚南薰所臨習碑帖的重要簡介及在書法藝術上的歷史成就與書寫技法上運用的技巧，亦需要前人著錄的書史、書論來加以論證。

（二）訪問調查法

本文以訪問與奚南薰爲師徒關係的林打敏先生。林打敏於書法展覽會場上，驚見奚南薰篆書之造詣，並由胡克敏的牽引下，親自拜訪奚南薰家中，並寫信拜師，而苦等一年，才進入奚氏門下。對於奚南薰的習書習慣與書法美學甚爲熟悉，彼此師生情誼十分深厚，而奚南薰生前也託囑林打敏代爲保管其書寫近物，如生前用印，及慣用工具書《說文解字詁林》十二本全集。而訪問內容可以補充其市面上所著相關論述所不及的地方，以充實本文的資料與正確度。

（三）圖像比較法

以第四章來看，目前所收集奚南薰的篆書作品共計八十餘件，必須將其中十三件臨習作品與臨摹碑刻圖錄作相對之比較，且奚氏受清代書家影響極深，進而以清人篆書作品與奚氏進行對照比較，而分析奚氏汲取古人之精華並應用在自己創作篆書的作品上。奚南薰篆書未紀年作品的年代推斷，係由其署款之習慣來做推論，進而分析出前期與後期的風格變化差異。而第五章有與奚南薰同時期的渡海書家進行篆書風格的差異性比較，面貌豐富，也凸顯出奚南薰書寫小篆功力深厚。

二、文獻探討與前行研究分析

（一）文獻探討

奚南薰的生平行誼由相關報章雜誌及後人對予奚南薰的記述，來做爲依據。作品圖錄主要以奚南薰逝世後由其眾弟子所編的《奚南薰先生紀念專輯》，作爲研究之第一手資料，此書法集是紀錄奚南薰最可靠的創作墨跡遺本。其中收錄了奚南薰於民國七十六年（1987）在歷史博物館所舉辦的遺作展作品爲主，以及林打敏老師所藏作品和各報章雜誌、書畫專輯上所刊登作品爲副，合計約八十餘件左右。另外，已絕版的《奚南薰篆書冊》，裡面收錄

兩件四聯屏作品，其一為民國五十九年（1970）榮獲教育部文藝獎的作品，以及《書帖選集（二）奚南薰篆書四屏》收錄一件〈梁吳均與朱元思書〉四聯屏作品，前後兩書冊同以四字為一面。從存世作品書跡中進行探索其臨碑拓的種類及個人書風的衍變，由書信中可窺看其生平交友及抒懷等。而奚南薰生前對於自己學書歷程有完整的紀錄，有其撰寫的〈駑馬十駕〉與〈我的自南而北〉兩篇文章，能了解奚南薰是如何從古碑中所擷取創作來源，及他對篆書的審美觀點，均是本文所引用的重要研究論述。

（二）前行研究分析

目前尚無主要研究奚南薰的專書，其餘評述介紹的資料亦零散於世。僅有部分由奚南薰弟子們對其習書之歷程與對書法上的觀感提出見解，如林打敏的口述資料（奚南薰的個性喜好、書寫習慣要領……等）與在民國八十三年（1994）《中華書道學會 書帖選集（二）》序文中對於其師的生平、學書經歷曾作簡單的論述。另外，則有杜忠誥於《臺灣藝術經典大系 渡海碩彥・書海揚波》中對於其師的一篇六頁專文，簡單記述奚南薰家世生平、各書體的約略介紹與奚南薰的篆書對後輩的影響，並附十四張各體之書法圖片。而其餘個人零散見解，如民國五十四年（1965）《讀友畫刊》第二十三期〈中華民國中醫藥學會會友四種展覽特輯〉中，姚夢聲以一篇短文概述奚南薰生平與習書之簡介；鍾克豪於民國六十四年（1975）《藝文誌》第一四四期中有論述一篇〈篆法大家奚南薰〉的兩頁文章，對於奚南薰家世、生平及病後之心情，與簡單論述其書法藝術之風格；杜忠誥及孔依平於民國七十五年（1985）一月刊行的《時代生活雜誌》上有追憶奚南薰之兩篇短文；民國七十九年（1990）陳其銓於《第四十四屆省展彙刊》，〈歷屆省展書法風格導向與省思〉一文中，有敘述奚南薰的小篆在省展中影響深鉅的一段話。由以上前行研究資料的分析，可得知奚南薰的個人生平行誼及書法風格都是約略淺談，並無較為深入的探討。本論文對於奚南薰的家世及生平行誼、書法淵源、篆書藝術的特質與身後諸事，將盡力彙統資料力求能有更詳盡的論述，期能深入了解其對於書法上的見解，進而證實奚南薰為一位能在臺灣書壇上佔有一席之地的書法家。

第二章　奚南薰家世及生平行誼

　　奚南薰先生，號墨蓀，亦作墨孫，別署蓉湖漁長，晚又署玄翁。民國四年（1915）生，六十歲大病後，更名南勛，未幾仍署南薰。民國六十三年（1974）初因咳血經檢查為肺癌，兩年後於民國六十五年（1976 年）一月八日，卒不治，享年六十一歲。

第一節　家世

　　奚南薰出生於江蘇省武進縣，先生家族世代行醫，其祖父獻琛先生，為前清秀才，科舉制度廢除後，改業習醫，因而連同影響先生叔祖、伯叔及堂兄弟等行醫者有七人之多，醫學世家於鄉里遠近聞名。惟其父筱林公，知醫卻不行醫，並告誡「行醫賺錢也，醫好無功可言，治壞其過不可卸。」〔註1〕奚南薰曾提起，其父不願先生從醫，所以先生接觸中醫醫學是由奶奶擅自送往其父親從醫朋友家中學習的。〔註2〕而十六歲時，國學根基深植，舉凡《內經》、《難經》、《傷寒》、《本草》、《脈詠》等皆能背誦，於醫學已深有心得。

第二節　生平行誼

　　奚南薰十八歲出外從師，學詩古文詞，於書藝尤所酷愛，致力甚勤。先生二十三歲，戰爭不斷，眼看國家多難，毅然參加抗日陣營之活動，並懸壺

〔註 1〕 鍾克豪：〈篆法大家奚南薰〉，《藝文誌》（臺北，藝文誌社，1975 年 3 月）第一一四期，第 58 頁。

〔註 2〕 林打敏老師口述。

以救病苦。日本投降後，先後擔任芙蓉鄉及新蓉鄉鄉長，組織自衛隊，建立地方武力並健全保甲制度，辦理國民教育，整頓稅收，安定鄉民生活。〔註3〕

　　民國三十四年（1945）國民政府光復臺灣，先生三十歲時避難隻身渡海東來，暫居南臺，處於人地生疏之境，生活困苦，初期以謀生所逼，於臺南經營餐館業，因與其本業不符，難展其才，未久即結束營業。先生三十七歲（1952年）參加考試院特種考試中醫師特考，榮登兩科榜首，隔年北上於臺北市牯嶺街懸壺濟世，開設〈南山堂〉國藥號，並於四十歲（1962）起歷任考試院中醫特種考試典試委員。〔註4〕其後擔任教育部醫學教育委員會委員、教育部中國醫藥研究所婦科研究委員會主任委員、中華民國醫藥學會常務理事及秘書長、臺灣省中醫師公會顧問。民國六十年（1971）三月十七日，行政院衛生署成立衛生署中醫委員會，而奚南薰為第一批受聘委員名單之中。〔註5〕而後擔任臺北市中醫公會理事長，並執教臺中中國醫藥院教授等。奚南薰在中醫界名聲遠近馳名，求醫者多，求證者接踵而至，但先生為人正直，不做不正之風之事。且行醫依照父親理念，盡忠職守，做有醫德之人。〔註6〕

　　民國六十三年（1974）初春，先生因咳血經醫院檢查，確定為肺癌，但因已答應至韓國參訪，為守承諾，不顧榮總醫生的反對，於一月二十八日，到漢城（首爾）參加韓國全國書法比賽的活動貴賓，並在文化電視公司與台灣電視公司交換節目計畫下，介紹中國書法，並做揮毫示範，且擔任韓國「全國書藝展」客座評審委員。

　　奚南薰於五十九歲（1974）因肺癌而開刀，其後與好友於世達〔註7〕間有書信（編號5915、5916）的往來，當時因手術後氣血大虛，以利用自擅中醫

〔註3〕參見杜忠誥、盧廷清：《台灣藝術經典大系——渡海碩彥·書海揚波》（臺北，藝術家出版社，2006年4月），頁138。

〔註4〕林經易：〈儒醫奚南薰〉《中華書道學會 書帖選集（二）》（臺北市：中華書道學會），1994年1月31日〉第2頁。

〔註5〕〈行政院衛生署昨天成立衛生署中醫委員會已聘奚南薰等十人為委員〉，《經濟日報》，第二版，1971年3月18日。

〔註6〕林打敏老師口述。

〔註7〕於世達，1925年2月生。名㳇，號懷園，筆名司馬青山，武進人。1947年隨親戚到臺灣在宜蘭法院工作，後因志趣不合，1949年2月到屏東萬丹中學任教，後轉屏東明正中學教書，1980年退休。愛好文學，擅長書法，在上海求學期間即開始在上海各大報上發表文章，大量作品散見於臺灣各大報。書法方面擅長楷、行，尤精蠅頭小楷。出版小楷作品有《懷園小楷道德經》、《懷園小楷金剛經》、《懷園小楷集》、《悅湖園赤壁賦刻石拓本》，極受書家推崇。

與西醫雙管齊下，先生曾提：「壁虎入冬是否當能捕到？此物對此病，似有微功。」而盡法以治之。

先生於六十歲在病榻上作〈更名啓事五言詩〉，純用平韻，以祝來日皆順途平坦，無復仄徑也。此詩爲玄翁未甚滿意的草稿，內容如下：

> 余生乙卯夏，故名曰南薰。先祖署墨莊，是用號墨孫。人身十二官，
> 肺屬五行金。於臟稱爲嬌，偏忌火相侵。余之名與號，炎炎字在中。
> 嬌者炙而腐，金且鑠而融。甲寅春病肺，惡症癌爲名。根株入左葉，
> 失治命將傾。蝮蛇如螫手，斷腕始無憂。刳胸奏一割，片葉去如秋。
> 性命幸暫保，支離形已殘。名號去火字，畏其灼肺肝。更名曰南勛，
> 字異音則同。玄者墨之用，乃號曰玄翁。（附註：薰字、墨字篆書皆
> 從炎。）〔註8〕

改名「南勛」後，身體較無吐血咳嗽徵狀，而且天天有得意作品。〔註9〕但新名尚未用其一年，病勢轉劇，又更回「南薰」。另一方面，先生仍抱病籌畫開辦個展，爲自己一生習書的成果，作一次完整的呈現。

民國六十四年（1975）二月十二日，奚南薰抱病於台北市博愛路孔雀畫廊舉辦第一次個人書法展，參展作品件件皆精，並於開幕當天便被搶購一空。最後臥病期間，自知病勢已無法控制，而自製以下三幅輓聯。並說：「死嚇不倒我，我要一直寫到我提不動筆爲止。」

> 「生原非夢，死原非絕，循謹一生爲本色，終不爲彭，短不爲殤，
> 逍遙此去反吾眞。」、「三千界魚躍鳶飛，大化悠悠，吾行無罣。六
> 十年鸞飄鳳泊，塵寰擾擾，莫更重來。」、「一世竟何成，業未專精
> 名爲立，萬方猶多難，生爲羈旅死爲歸。」〔註10〕

奚南薰沉靜寡言，儒雅恬淡，一生除醫道與儒學成就外，寫字讀書是他僅爲嗜好。〔註11〕從輓聯中可以感受到奚南薰對生死觀瞭然於心之豁達和通透，雖生前曾自許將六十歲後，辭去一切醫務職位，專心致力於書法藝術創作，自信可以再另創高峰，但因肺癌病痛侵蝕，事與願違，令人惋惜。

〔註8〕奚南薰信札：《奚南薰先生紀念專輯》（臺北：奚南薰先生紀念專輯編輯委員
　　　會，1987年3月），頁61。

〔註9〕陳長華：〈奚南薰改名大吉〉，《聯合報》第九版，1975年2月16日。

〔註10〕杜忠誥：〈紀念奚南薰先生逝世十周年〉，《時代生活》（臺北：時代生活社，
　　　1986年1月10日）第二十一期，第7頁。

〔註11〕杜忠誥、盧廷清：《台灣藝術經典大系——渡海碩彥‧書海揚波》（臺北，藝
　　　術家出版社，2006年4月），頁138。

奚南薰先生六十生辰時與夫人合影
圖片來源：《世界畫刊》第 715 期，
1975 年 2 月 15 日

第三節　在藝壇上的活動

民國三十八年（1949）國民政府遷臺，大批來自中國各省之書畫家東渡來臺，並帶進各家各派的書法風格。但因戰爭後時局動亂、物資缺乏，當時政府以民生經濟為主，無力全面兼顧藝文發展，即使有少數藝文書法活動，亦影響有限，遷臺後初期的書法教育，是處於沉滯局面。

陳其銓曾分析臺灣五十年來的書法發展，可分為：一、1949～1956 年，書法事業陷於停頓的「沉滯期」。二、1957～1968 年間相繼成立書會，對書法教育做全面的推廣，並開始有中日書道交流的「復甦期」。三、1957～1979 年因經濟起飛，造成國民過分注重物質的追求而忽略精神的修養，民國五十六年先總統蔣公力倡科學倫理與道德，並成立中華文化復興委員會，使書法教育開始在學校有一席之地，並積極展開國際書法交流的「重振期」。四、1980年後，中青代書法家先後崛起，小型書會相繼成立，展覽雅集頻繁的「蓬勃期」。〔註12〕而奚南薰處於臺灣書法發展的前三期，並於「復甦期」開始有藝壇上的活動，且「重振期」期間至韓國進行書藝文化交流。

另外奚南薰文學素養甚高，對於生活周遭會感興而發。而《臺灣藝界》雜誌裡有專刊為「臺醫詩壇」，專為當時在臺灣的醫生，對於文學的熱愛，有一個展現的平台，而以下兩首詩為先生於民國四十七年（1958）刊登於此：

〈烏來道中〉：朝來細雨浥清塵，勝景朝尋樂最真。路樹成行青似畫，岩花綴景艷生春。懸空白浪轟危壁，隔浦青旗颺碧津。七爸無驚雲窟裏，悠閒轉羨古移民。

〔註12〕陳其銓：〈臺灣五十年的書法與省展〉，《全省美展五十年回顧》（臺中：臺灣省政府教育廳，1995 年）第 164 頁。

〈和渭雄先生〉：遇佳景色便隨緣，又指烏來翠接天。小助詩情吟與雪，強尋畫境攬山川。老蒼鬱鬱臨江樹，涵碧涓涓漱玉泉。時聽猿聲啼絕嶺，雪深恐有住飛仙。〔註13〕

一、藝壇交遊

奚南薰本業雖爲中醫，但閒暇之餘仍不廢筆墨，並與書印界的同好在書藝上的來往。吳平（1922～）、江兆申（1925～1996）、王北岳（1926～2006）時常出入〈南山堂〉，〔註14〕彼此分享自己對書藝上的見解，感情甚篤，在作品編號6001中有一段遊藝輔仁的故事，可見而知。在行醫的領域之外，並具有一定文化知識素養，稱爲「儒醫」。且奚南薰於文學上十分推崇江南大儒錢名山（1875～1944）〔註15〕，甚至在臺家中書房放置錢名山照片，以表敬重。〔註16〕與奚南薰同爲中醫世家的朱士宗，考試院特種考試中醫師特考，爲外科第一號。兩人對書畫上各有風采，同享譽「儒醫」之名。〔註17〕

朱世宗〈仿梅道人〉1956年5月
出處：《讀友畫刊》第二十三期

〔註13〕臺灣省醫師公會：〈臺醫詩壇〉，《臺灣醫界》（臺北：臺灣省醫師公會，1958年2月15日）創刊號，第20頁。

〔註14〕林打敏老師口述。

〔註15〕錢振鍠，字夢鯨，號名山，又號庸人、謫星，晚號海上羞客，室名快雪軒、傳我室、星隱盧，私諡清惠先生，江蘇常州人。講學於常州東門外「寄園」垂二十年，收授弟子，謝稚柳、楊霞峯、之後來台的陳倉波（1903～1990）、鄭曼青（1902～1975）都出自於此。著有《名山全集》。其書善行楷，學帖參以碑意，用筆渾樸，結體寬博。資料來源：上海書畫出版社：《近代書畫市場辭典》（上海市，上海書畫出版社出版，2005年4月）第214、215頁。

〔註16〕林打敏老師口述。

〔註17〕林打敏老師口述。

朱士宗爲滬上名中醫外科朱治吉兒的門生。對國畫藝術有相當大的興趣，向當代四大家之一吳子深（1984～1972）習畫，而後大陸淪陷，朱氏來臺，而吳氏避至香港，師徒不相見者十餘年。於其山水，能窺其堂奧擷其大小四王等的精華，用筆墨之精嚴，見者莫不讚賞。〔註18〕

奚南薰對於書畫上的看法，曾寫出短篇文章刊登於雜誌上，如民國五十二年（1963）奚南薰對陶壽伯（1901～1997）那年在中山堂展覽的山水畫作品之作評價。奚南薰與陶壽伯爲鄰邑，來臺後又時相過從，時常出現於萬石樓中，又時常聽到陶氏對於學畫之理論，因此對於陶氏的生平，奚南薰自信知道的比較多。陶壽伯有畫梅大師的雅號，但陶氏之山水畫超妙絕倫，絕不亞於梅花，其下爲奚南薰的論述：

> 陶氏山水畫的命意和取經，特立獨行，高簡古澹，與梅花一樣，而一帶荒寒蒼莽之氣，則非梅花所能具有。他的用筆，能有稚拙之美，越稚越見其老，越拙越見其古，樹石皴法多用中鋒，絕少側筆，這最難討好，亦最見功力。筆法似生而實熟，任天而動，不假雕飾，「亂頭粗服總傾城」的是一種不易到的境界，這種境界，最多見於明末四僧。陶氏畫風，對於四僧，似之而又不似，他並不拘拘乎學那一派哪一家，落筆自然超逸，這種無古無今，獨往獨來的精神，可以引用《莊子》：「與天爲徒」，但所謂「與天爲徒」，並不是師心自用、漫無法則者所可藉口，而必須是胸次超曠，功力深湛，然後筆底下自然流露出來，實在是「天人兼至」的境界，不是可以率爾操觚的。
> 〔註19〕

由上述可知，陶壽伯山水畫「亂頭粗服總傾城」是不爲目的，爲興趣而畫，故能不追隨時尚，不求媚俗，而形成特立獨行的作品風格。人品與畫品並重，這是奚南薰所看重的。

〔註18〕 晚蘋：〈朱士宗醫師的國畫〉，《讀友畫刊》（臺北：讀友畫刊出版社，1965年3月29日）第二十三期。

〔註19〕 奚南薰：〈丹青不知老將至——簡介陶壽伯山水畫集〉《中央日報》第六版，1963年11月18日。

陶壽伯〈梅〉1983 年　　　　　　　　　陶壽伯〈山水雪景〉1962 年
出處：歷史博物館《陶壽伯書畫集》封面　　出處：歷史博物館《陶壽伯書畫集》P64

　　而奚南薰對自己學書歷程寫下〈駑馬十駕〉及〈我的自北而南〉兩篇文章，分別刊登於民國五十九年（1970）9 月《藝壇》第三十期與民國六十年（1971）4 月《中國藝文》創刊號。前者論述自幼到老的學書經歷，可知先生用功之一班。且先生引《荀子》之言：「騏驥一日而致千里，駑馬十駕，功亦即之。」實爲先生之謙詞。而後者由先生所述「北派」以骨力取勝，「南派」以神韻取勝，各有千秋。先生初學北碑的「險絕」，然後皈依「平正」的唐碑，所以先生習書是由北而南的歷程。（兩篇全文於後附錄一）

二、赴韓交流

　　民國六十三年一月二十八日，奚南薰受台灣電視公司與韓國文化電視公司合作交換計畫下應邀赴韓，進行十天漢醫學術及傳統書藝之交流，並做揮毫示範，且擔任韓國「全國書藝展」客座評審委員。先生此書藝交流之行，國內報章雜誌各有篇幅報導，爲重視文化交流的重振。

　　以下由《中國時報》、《聯合報》、《中央日報》及《藝壇》雜誌於民國六十三年一月二十九日至民國三月之期間，對奚南薰赴韓及回國後觀感的報導，整理出那十天內奚南薰與韓國文藝交流重要的活動行程。

　　民國六十三年（1974）一月三十日，韓國文化電視公司主辦全國性書法比賽，奚南薰擔任該台主辦的韓國女子業餘書法比賽評審工作，參加這項書法比賽評審的共有七位專家，奚南薰是唯一的外賓，而六位韓國專家中有一位李姓女校長，專門負責評審韓文。其比賽項目中，有二十四位比賽者，分為兩組各十二人，一組寫漢字而另外一組寫韓文。

　　而奚南薰聽一位韓國朋友說比賽分為兩組的原因：

　　　　在當時四十歲以上的韓國讀書人，大多數認識漢文，習字守古法。
　　　　由於韓國十年前廢用漢字，改用拼音的韓文，因此年輕的人就不太
　　　　認識漢文。所以書法比賽也分兩種文字。目前韓國文教部規定通行
　　　　的漢文有一千八百字，年輕的韓國人都喜歡書法，尤其喜歡字體端
　　　　莊的篆字。〔註20〕

　　二月三日，奚南薰在韓國文化電視網的「東方書藝」特別節目中介紹中國書法，並現場揮毫眞、草、隸、篆各種書體，並將我國書法最近發展的趨勢，分享於韓國。〔註21〕同日，奚南薰以三十日擔任書法比賽客座評審委員身分，出現韓國文化電視另一節目中，並對參加此次比賽的年輕韓國書法家深表讚揚，也指出大部分韓國書法家以日本方式握毛筆。〔註22〕

　　隔日，奚南薰參加由韓國文化電視公司主辦的「全國書藝」展覽，於韓國國立公報館開幕。先生獲邀參展，其四件書法作品，被廣泛介紹並吸引了韓國書法家及書法學生的注意，也於此間與韓國書法家接觸，切磋中韓書法。〔註23〕

　　二月六日，奚南薰接受韓國全國性大報《朝鮮日報》專訪，與韓國東方研書會會長亦為韓國著名書法家金膺顯（1927～2007）〔註24〕談論中韓書法變遷與現況。據奚南薰與金膺顯表示：

〔註20〕　中央日報：〈韓人重視書藝值得國內借鏡。奚南薰訪韓歸來談觀感〉，《中央日報》第六版，1974 年 2 月 23 日。
〔註21〕　中國時報：〈奚南薰赴韓表演書法〉，《中國時報》第六版，1974 年 1 月 29 日。
〔註22〕　聯合報：〈奚南薰在韓上螢幕介紹中國書法〉，《聯合報》第九版，1974 年 2 月 5 日。
〔註23〕　同上。
〔註24〕　金膺顯為韓國當代書壇巨匠、元老書家，是二十世紀80年代末以來，最為積極提倡並參與與中國書法界進行交流的韓國書法界領袖。

中韓書法本源相同，在中國當代流行的書體，約在五十年至一百年
內傳入韓國，並在韓國流行。不過自從清末日本侵併韓國之後，韓
國書法接受了日本方面的影響，同時韓國的書法特質，也漸具體化，
因而目前兩國書法雖有其同，亦有其異。大體而言，韓國書法受唐
朝影響較大，就個人而言，王羲之與歐陽詢的字對韓國書法家有很
多貢獻。〔註25〕

兩人一致表示兩國書法家，應加強聯繫，共同發揚書藝。

二月八日下午，奚南薰飛往日本東京，且繞道京都觀光。〔註26〕結束此
次十天訪韓的行程，圓滿促成文化交流的任務。

奚南薰訪韓歸國後，於二月二十三日，在《中央日報》續談中韓文藝交
流之觀感：

書法藝術在韓國已獲得三十歲以下年輕人重視，他們從書藝中除了
練習寫一手漂亮的字，還想藉機多學一些漢字。這種現象值得我們
高興，同時也讓國內的年輕朋友們引以為鏡。

而韓國女子書寫毛筆字神態，給奚南薰很深的印象。他指出：

雖然是嚴冬，她們仍穿著傳統服裝，站著寫字，每個人自己帶著文
房四寶。最引人注目的是一方方大硯台，像是一本厚書。

奚南薰認為韓文字體結構比較單純，有橫、豎、轉、折，還有圓圈圈，
不過運筆用墨與寫漢字完全相同。由於韓人喜歡用三到四寸長鋒羊毫，寫出
來的字看起來比較溫和，與日本人寫草書的那般豪放之勢大不相同。〔註27〕

其後，先生載譽歸來不久，韓國書家與書藝團體訪華陸續而來，先生對
中韓書道文化的交流是功不可沒的。

〔註25〕 中央日報：〈奚南薰在韓析論中韓書法〉，《中央日報》第六版，1974 年 2
　　　　 月 13 日。
〔註26〕 參於奚南薰書法展覽
〔註27〕 中央日報：〈韓人重視書藝值得國內借鏡。奚南薰訪韓歸來談觀感〉，《中央日
　　　　 報》第六版，1974 年 2 月 23 日。

奚南薰（右）接受韓國文化電視株式會社社長李桓儀頒獎
圖片來源：《世界畫刊》第 715 期，1975 年 2 月 15 日

奚南薰（中間戴帽者）赴日本京都遊覽時，與書法
界歡迎人士合影
圖片來源：《世界畫刊》第 715 期，1975 年 2 月 15 日

奚南薰（左）
在韓國教育書藝家協會歡宴席上，當場揮毫
圖片來源：《世界畫刊》
第 715 期，1975 年 2 月 15 日

韓國葵堂書會會長吳相燁
來華向奚南薰（右）贈獎
圖片來源：《世界畫刊》
第 715 期，1975 年 2 月 15 日

第三章　奚南薰的書法淵源

　　奚南薰先生對於書法論述的著作極少，只有〈駑馬十駕〉與〈我的自北而南〉兩篇文章，內容為先生對自己的習書經歷與書法創作的看法。奚南薰四歲九個月開始使用羊毫描紅習字，三個月後，改寫影本。自認天賦不如旁人，每日習字，純粹為寫字而寫字，也養成日後每天弄筆的習慣。十歲開始臨習〈黃自元臨九成宮醴泉銘〉為時六年。而後先生父親嫌其所寫薄弱，特顯呆板，並命先生懸腕改臨習明拓本唐柳公權〈玄秘塔〉。十五歲期間曾讀曾文正公家書，極推崇黃山谷，用曾氏高執筆法〔註1〕來臨習三希堂黃山谷法帖，但此執筆法，先生當時還未得要領，下筆雖較靈活，筆力卻不夠沉著。而在繪畫上，運用黃山谷筆法，並以高執筆、懸腕的方式來畫竹、蘭、荷、菊等。同時結識同鄉丁錫如，並提供康有為《廣藝舟雙楫》予先生開擴眼界，於是對六朝碑版，尤其是魏碑，心裡甚為嚮往。

　　民國初年時的書壇都崇尚碑學，凡三代鼎彝、秦漢刻石、權量、瓦當、錢布、璽印、磚文、六朝碑版等，都為書家所看重並更深學習研究。奚南薰曾說「老一輩的先生們，很多是寫魏碑的，耳濡目染，早已在心裡生了根。」〔註2〕其後奚南薰努力不懈，自行習臨古代碑帖與吸收相關書論再加上同好相與討論，最後相互融合下，自用我法，想成一面目。這些習書研究歷程的累積，對他中年以後的書風建立，有相當重要的影響。

〔註1〕註：曾文正公家書《三治家篇-致諸弟述起屋造祠堂》中提到執筆的方法：大約握筆宜高，能握至管頂者為上，握至管頂之下寸許者次之，握至毫以上寸許者，亦尚可習。若握近毫根。則難寫好字，亦不久必退，且斷不能寫好字。吾驗之於已身，驗之於朋友，皆歷歷可驗。

〔註2〕見於奚南薰〈駑馬十駕〉一文。

　　而先生來臺前與後，有參加藝壇之相關活動，尤在陳其銓所劃分臺灣書法發展的「復甦期」與「重振期」期間更是活絡，最後抱病舉辦個人書法創作展，為他一生對書法藝術的詮釋，做一次完整的呈現。

第一節　習書之師承

　　奚南薰習書經過，由先生所寫〈駑馬十駕〉一文再加上林打敏於《中華書道──書帖選集（二）》所刊的記述，融合整理出以下表格：

表 3-1-1　奚南薰習書歷程表

時　　間	習臨書帖	備　　註
四歲	描紅，逾三月，改寫影本。	
十歲	臨碑（黃自元臨〈九成宮醴泉銘〉）	
十六歲	明拓本唐柳公權〈玄秘塔〉（家藏）、三希堂黃山谷各法帖、〈張遷碑〉。	研讀康有為《廣藝舟雙楫》一書，開廣眼界，嚮往六朝碑，此時嘗試以高執筆法，移畫梅、竹、蘭、菊等練得腕力，又反其道以低執筆法書〈張遷碑〉。
二十歲	研究漢碑、六朝碑、墓誌銘（以北魏占多數）、顏平原三表、孫過庭〈書譜〉。	包世臣《藝舟雙楫》、馮武《書法正傳》等書。
二十一歲	「龍門造像」（尤好〈始平公〉、〈楊大眼〉，〈魏靈藏〉、〈孫秋生〉四品）、〈鄭文公〉、〈張猛龍〉、〈鶴銘〉、〈刁遵〉、〈崔敬邕〉、〈張黑女〉等碑誌，旁及顏魯公〈爭座位〉、孫過庭《書譜》、宋蘇、米、黃三家行書。	
三十一歲（三十四年抗戰勝利）	嵩山〈少室〉、〈開母〉兩石闕、〈禪國山碑〉、〈袁安碑〉、〈袁敞碑〉、〈石鼓文〉、〈天發神讖碑〉。	深得包世臣《藝舟雙楫》所述「逆入平出，筆毫平鋪紙上」之藏鋒筆法要領。因其先由嵩山兩石闕，次臨袁安、袁敞碑入手，後學石鼓文、天發神讖碑等結構，並以圓筆書之，而酷似完白山人。
三十五歲（來臺後）		注意觀察漢碑額之趣。
四十五歲以後	〈石鼓文〉、金文	改學石鼓、金文，用籀文法作小篆，又像似楊沂孫，稍加厚重整齊，又接近吳大澂。
五十歲後	唐歐陽詢、虞世南、褚遂良。	回頭改學唐碑，初以唐歐、虞、褚三家為主，悟出「眼」、「心」、「手」相互為用之寫字功夫，並以為方圓同法。

有關奚南薰習書之師承不多，大多數是奚南薰自行習臨古代碑帖與吸收書論，相互融合下，自用我法，自成面目。唯有在他的〈駑馬十駕〉一文中簡單提及十六歲暑假拜識人稱江南大儒錢名山之大弟子楊霞峯。因楊氏以執筆低的方式書寫北魏碑，所以奚南薰反其道而行，從十六歲由曾國藩高執筆法，改以低執筆的筆法來臨習「龍門十二品」與〈張遷碑〉。

奚南薰二十歲時，參加崑山李肖白〔註3〕（1895～1940）在上海所辦的「肖白書法函授學校」。因為奚南薰認為民初上海擅寫北碑者為曾熙（1861～1930）與李瑞清（1867～1920）〔註4〕名氣最為響亮，而李肖白正是曾農髯的弟子，所以奚南薰想了解曾氏寫北碑的方法，從無錫東往上海當面請益。而文章裡奚南薰提及李肖白曾與他說「寫字最好能懸腕，如果不能，其次是枕腕，注意肘部必須離案」。〔註5〕並示範幾種不同的執筆法給予先生參考。同時先生也在上海有正書局、求古齋、藝苑真賞社等專賣碑帖的書局購買許多碑帖與書論，來增廣見識。

奚南薰謙遜好學，會比別人多花好些時間勤練書法，再深入研讀書論來補足對於書寫上的不足。在〈駑馬十駕〉中得知，先生十六歲初始接觸康有為《廣藝舟雙楫》，二十歲研讀包世臣《藝舟雙楫》與馮武《書法正傳》，以前兩本書論最得先生所效法，並以兩本中的論述來取長補短於自己的書法。可以看出此兩本書論對先生的影響甚劇。奚南薰二十歲於上海購買碑帖（以北魏居多）時，曾說「預備依照康有為《廣藝舟雙楫》〈學敘〉篇所定次序，按部就班的順序臨習。」〔註6〕二十一歲起，開始寫「龍門造像」，而康有為有在《廣藝舟雙楫》〈餘論〉篇提出：

〔註3〕 李肖白，別號病杏，崑山真義人，早歲畢業於上海龍門師範學校，後在無錫，吳縣唯亭等處任教，民國二十五年（1936）應聘上海三友實業社秘書，兼理職工教育，擅長書法，曾在上海創辦肖白書法函授學校，培養不少人才。資料來源：江蘇：崑山市圖書館崑山名人網。2014 年 3 月 19 日，取自 http://localhost/mingren/Info/View.Asp?Id=120。

〔註4〕 曾熙，字嗣元、子緝、季子，號俟園、農髯，湖南衡陽人，其書得力於《夏承碑》、《華山碑》、《張黑女墓誌》等，以漢隸圓筆為主，溝通南帖北碑，融會方圓，形成寬疏縱逸的書風。李瑞清，字仲麟，別號梅庵，晚號清道人，其書以籀篆之意行於北碑，自成面目。曾農髯早年與李瑞清同在北京做官，共研書法。而後居上海，鬻書為生。李瑞清與曾熙知交最深，有「北李南曾」之稱。資料來源：上海書畫出版社：《近代書畫市場辭典》（上海市，上海書畫出版社出版，2005 年 4 月）第 142、166 頁。

〔註5〕 參閱〈駑馬十駕〉一文。

〔註6〕 參閱〈駑馬十駕〉一文。

「龍門二十品」中，自〈法生〉、〈北海〉、〈優填〉外，率皆雄拔。
然約而分之，亦有數體；〈楊大眼〉、〈魏靈藏〉、〈一弗〉、〈惠感〉、〈道
匠〉、〈孫秋生〉、〈鄭長猷〉沉著、勁重為一體；〈長樂王〉、〈廣川王〉、
〈太妃侯〉、〈高樹〉端方、峻整為一體；〈解伯達〉、〈齊郡王祐〉峻
骨、妙氣為一體；〈慈香〉、〈安定王元燮〉峻宕、奇偉為一體。〔註7〕

但奚南薰未全臨習「龍門二十品」，而是參考錢名山的方式，專寫「龍門
四品」（〈比丘慧成為亡父始平公造像題記〉、〈魏靈藏薛法紹造像題記〉、〈孫
秋生劉起祖二百人等造像題記〉、〈楊大眼為孝文皇帝造像題記〉）。再者，康
氏在〈購碑〉篇說：

又有謂學書須專學一碑數十字，如是一年數月，臨寫千數百過，然
後易一碑；又一年數月，臨寫千數百過，然後易碑亦如是。因舉鍾
元常入抱犢山三年學書，永禪師學書四十年不下樓為例。此說似矣，
亦謬說也。夫學者之於文藝，末事也；書之工拙，又藝之至微下者
也。學者蓄德器，窮學問，其事至繁，安能以有用之歲月，耗之於
無用之末藝乎！誠如鍾、永，又安有暇日涉學問哉！此殆言者欺人
耳！吾之術，以能執筆多見碑為先務，然後辨其流派，擇其精奇，
惟吾意之所欲，以時臨之。臨碑旬月，遍臨百碑，自能釀成一體，
不期然而自然者。加之熟巧，審之學問，已可成家，雖天下駑才，
無有不立，若其淺深高下，則仍視其人耳。〔註8〕

奚南薰起因認為自己既無全備康有為在〈學敘〉篇所訂定的各碑，倒不
如以意變通，專學漢魏，並預定以十年為期。並漸漸領悟出楊霞峯以包世臣
《藝舟雙楫》所說「逆入平出，筆毫平鋪紙上」來寫漢隸之方法，而理解「唐
以前書，皆始艮終乾，南宋以後書，皆始巽終坤」〔註9〕的說法。而後續臨〈鄭

〔註7〕 〈餘論篇〉中提出，魏碑大種有三：一曰《龍門造像》，一曰《雲峯石刻》，
一曰《岡山》、《尖山》、《鐵山》摩崖，皆數十種同一體者。《龍門》為方筆之
極軌，《雲峯》為圓筆之極軌，兩種爭盟，可謂極盛。《四山摩崖》通隸楷，
備方圓，高渾簡穆，為學窠之極軌也。資料來源：康有為：《廣義舟雙楫疏證》，
〈餘論第十九〉（臺北，華正書局有限公司出版，1980年5月初版）第175頁。

〔註8〕 康有為：《廣義舟雙楫疏證》，〈餘論第十九〉（臺北，華正書局有限公司出版，
1980年5月初版）第20頁。令參校北京圖書館出版社2004年10月刊行版，
第41頁。

〔註9〕 南京藝術學院副教授金丹在《包世臣書學批評》裡提出：「皆始艮終乾，皆始
巽終坤」提出者為黃乙生（1769～1821，字小仲，江蘇陽湖人）。而第一位闡

文公〉、〈張猛龍〉、〈鶴鳴〉、〈刁遵〉、〈崔敬邕〉、〈張黑女〉等碑誌，旁及顏魯公〈爭座位〉、孫過庭〈書譜〉、宋蘇、米、黃三家行書。

　　奚南薰三十一歲（1945 年，時國民政府抗戰勝利），於常州收到許多舊家收藏的碑帖，以漢碑爲最多，而篆書有嵩山〈少室〉、〈開母廟〉兩石闕、〈禪國山碑〉。並加上包世臣〈完白山人傳〉所述鄧完白所臨的：〈石鼓文〉、李斯〈嶧山碑〉、〈泰山刻石〉、漢〈開母廟闕〉、〈燉煌太守碑〉、蘇建〈國山〉及皇象〈天發神讖碑〉、李陽冰〈城隍廟碑〉與〈三墳記〉。從此時奚南薰開始學習小篆，其中順序依次爲嵩山兩石闕，次〈袁安碑〉、〈袁敞碑〉，後學〈石鼓文〉、〈天發神讖碑〉。鄧完白三種，李陽冰偶一臨之。來台後臨習漢碑額。

　　奚南薰於四十三歲曾說：「十多年來專學漢篆，不脫鄧完白、吳讓之的範疇。」〔註 10〕所以於四十五歲後以〈石鼓文〉、金文的籀文法來做小篆。五十歲後，再行改變學習途徑，選擇介於北碑南帖兩者之間的唐碑，可以上窺晉人、下法宋明。以歐陽詢、虞世南、褚遂良爲主，來做爲習帖的基礎功夫。包世臣說臨習的方法要「時時閉目凝神，將所習之字，收小如蠅頭，放大如榜署以驗之，皆如在觀，乃爲眞熟。」〔註 11〕但奚南薰更體悟出「到心、眼、手完全配合，心手相得，筆勢極熟，自在游行。如蘇東坡所說：浩然任筆之所之。乃爲眞熟。」〔註 12〕

　　而在重習唐碑期間，也曾與王北岳有書信間的往來（編號 6006）。書信爲王北岳曾囑奚南薰試臨虞廟堂之心得：

> 北岳道兄，承囑試臨虞廟堂，弟少學歐柳達十年之久。二十五歲以後，改習北碑，唐碑不再寓目，今以六十之年，重學十六歲所學之字，眞是開倒車也。然歐、虞、褚亦已學了二三年，因事忙動手時間少，以意學之而已，乃越學越烈，然後之習北碑能令人膽大，習唐碑能令人膽怯，積習既深，手腕已成定型，不能變矣。

釋者爲包世臣。包氏：「初聞不知爲何語，服念彌旬，差有所省。因邊習其法，一年漸熟。」資料來源：金丹：《包世臣書學批評》（北京：榮寶齋出版社，2007 年 12 月出版）第 130 頁。

〔註 10〕　參閱〈駑馬十駕〉一文。

〔註 11〕　此段出自奚南薰所著一文〈我的自北而南〉。資料出處：《奚南薰先生紀念專輯》（臺北：奚南薰先生紀念專輯編輯委員會，1987 年 3 月）第 92 頁。此原文發表於 1971 年 4 月刊行的《中國藝文》創刊號。

〔註 12〕　同上。

奚南薰認爲唐碑須注重法度，結體嚴謹拘束，以先生數十年的奔放筆力，要一時收斂拘束起來，實爲不易。又如先生所說：

> 在眼和心經過長時期的訓練，譬如畫家寫眞，任何面貌，一見就能繪出影像。寫眞是愣愣描出來的，寫字要一氣運行，除了眼和心，最重要的還是手，手勢習慣了，一時難改，稍不經心，舊習慣就不期然而然的流露出來，因此悟出寫字的功夫。〔註13〕

奚南薰坦言自己主張不定，五十歲後竟把長達二十年臨習北碑深厚的道路放棄而重新開路學唐碑，及其自言的「由南而北」，爲的是要達到他「行年五十而知四十九之非」、「悟已往之不諫，知來者之可追」的理想境界而已。而後奚南薰認爲他的學習過程，雖然屢變，自信上不悖乎孫過庭於〈書譜〉所言「初學分布，務求平正；既能平正，務追險絕；既能險絕，復歸平正。」的論點。

觀察先生一生習書之過程，可由康有爲《廣藝舟雙楫》〈綴法篇〉所印證：「古人筆法至多，然學者不經師授，鮮能用之；但多見碑刻，多臨細驗，自有所得。善乎張長史告裴儆曰：倍加工學，臨寫書法，當自悟耳！可見昔人亦無奇特秘訣也。」〔註14〕

奚南薰曾提過習書過程應爲「十年習楷、十年習隸、十年行草、十年習篆」。〔註15〕而先生的一中當中，確實以此步驟循序漸進，因爲先生自謙自己對於書藝上資質的低劣，先天稟賦的不同，各有所偏，所以先生認爲自己需付別人更多的時間，來彌補先天的缺陷，這種勤奮不懈的習書精神，使他在各體書藝上，大放異彩。

第二節　書法展示及相關活動

一、榮獲國家舉辦美術比賽，書法邀請參展之殊榮

（一）全國美術展覽

民國十六年（1927）政府奠都南京後，十八年即於上海舉行第一次全國美展。而後爲闡揚我國藝術文化，並喚起社會民眾對於美術的認識起見，於二

〔註13〕　參閱〈我的自南而北〉一文。
〔註14〕　康有爲：《廣義舟雙楫疏證》（臺北，華正書局有限公司出版，1980年5月初版）第197頁。
〔註15〕　林打敏老師口述。

十五年冬月舉行第二次全國美術展覽會，隨後二十六年一月十日成立全國美術展覽會後，即積極進行各項工作，並規定每兩年舉行全國美展一次。〔註16〕

民國三十八年（1949）國民政府遷臺，全國經濟蕭條，社會動盪不安，全國美術展至第三屆（1945 年）於重慶舉辦後，就暫停舉辦。直到四十六年九月二十七日於臺灣省立博物館舉行遷臺首辦全國美術展覽，第四屆與前三屆最大不同處，是在於以前展覽兼收古代文物，此次則是純係當代創作作品〔註17〕。而奚南薰於有生之年獲邀第四屆（1957 年）、第五屆（1965 年）、第六屆（1971 年）、第七屆（1974 年）的全國美術展書家邀請展覽。為僅六、七屆有圖錄出版，其參展作品分別為編號 0032、5808。

（二）全省美展

臺灣省全省美展創設之初指設有「國畫、西畫、雕塑」三部，並未包含書法。民國五十五年（1966）大陸發生「文化大革命」，臺灣為以其抗衡，翌年在臺灣發起「中華文化復興運動」，而書法是漢文化體系的重要象徵，並於省展二十二屆（1967 年）增設書法部，成為省展的第四個部門。〔註18〕而陳其銓於《全省美展五十年回顧展》曾說道：

> 蔣公……將文化復興工作作全面性的推廣，過去一些對書法未盡明
> 瞭人士，甚至一知半解認為毛筆是落伍的工具，此際也不敢明示反
> 對寫毛筆字，因而書法教育開始在學校有一席之地。〔註19〕

由此可見「中華文化復興運動」的實施，有直接鼓勵了書法藝術的提振與興盛。而全省美展第二十六屆（1971 年，書法部第五屆）曾邀請奚南薰共同參展。

二、民國五十四年，中華民國中醫藥學會會友展覽

中華民國中醫藥學會為慶祝三十五屆國醫節，在理事長吳海峰醫師主持下，於臺北市三軍軍官俱樂部舉辦了四種不同會友作品之展覽。其中台灣習用生藥展覽，是由藥學專家甘偉松教授歷年所蒐集之珍貴資料；書法展覽，

〔註16〕 何慧芬、王麗惠：《歷屆全國美展概覽》（臺北市：國立臺灣藝術教育館，1987
　　　　年 6 月 30 日）第 1、6、13 頁。

〔註17〕 同上，第 21 頁。

〔註18〕 許正宗：《臺灣省展書法風格四十年流變 1976～2006》（臺北市：文津出版社
　　　　有限公司），2009 年 10 月）第 36 頁。

〔註19〕 陳其銓：〈臺灣五十年的書法與省展〉，《全國美展五十年回顧》（臺中：臺灣
　　　　省政府教育廳，1995 年〉

由奚南薰的金文、石鼓、秦篆、漢分、眞行草書等作品參展，如五十歲前寫〈節臨毛公鼎〉（編號 0001）爲其一參展作品；國畫展出乃由朱士宗中醫師的長卷山水與大幅百援圖；攝影展覽爲姜佐景中醫師以野柳奇景爲其精選。〔註20〕

參加展覽會會員四友於展場合照。右起：朱士宗、姜佐景、奚南薰、甘偉松

照片來源：《讀友畫刊》1965 年 3 月 29 日

三、受邀參展於民國五十九年，國立歷史博物館與中華文化復興運動推行委員會聯合舉辦「第一屆全國書畫展」

　　民國五十五年蔣公提倡中華文化復興運動，詔示國人：興吾國族，必先光大傳統，延拓新蹊。當時教育部長鍾皎光說：「全國美術界群體斯旨，引理論之精粹，鑄創作之新機，繼往開來，日有進益。並將參展作品，選印成集，公諸社會，以普及國民美育，造就文化反攻之優勢。」〔註21〕而一向重視中國書畫藝術並積極提倡的中華文化復興運動推行委員會，與歷年多次舉辦國內外書畫藝術特展的國立歷史博物館聯合舉辦首屆全國書畫展覽，展出作品爲書法、國畫、西畫三類，樣示琳瑯滿目、生機蓬勃。〔註22〕而奚南薰於五十五歲年寫的〈金奠、鳳管〉篆書對聯（編號0011）受邀參展。

〔註20〕讀友畫刊：〈中華民國中醫藥學會會友四種展覽特輯〉，《讀友畫刊》（臺北：讀友畫刊，1965 年 3 月 29 日）

〔註21〕此段出自 1970 年由國立歷史博物館與中華文化復興運動推行委員會所編的《中華民國第一屆全國書畫展覽作品集》〈教育部部長序〉一文。

〔註22〕此段出自 1970 年由國立歷史博物館與中華文化復興運動推行委員會所編的《中華民國第一屆全國書畫展覽作品集》〈中華文化復興運動推行委員會秘書長序〉一文。

四、民國六十四年舉辦個人書法創作展

民國六十三年（1974）三月，奚南薰赴韓回國後，發現癌症已蔓延到整個肺、大動脈和胸前黏膜，開刀及放射性治療已經無法挽救。但奚南薰說：「只要體力夠，我還是提起筆來不斷的寫。」先生把寫字看做他的生命，他不願因肺癌放下與他相伴四五十年的毛筆。同時，寫字也使他忘記了癌症的痛苦。自從先生得肺癌一年三個多月以來，他的病況並沒有惡化，早期的吐血、咳嗽等症狀也停止了。他說：「寫篆字必須全神貫注，不知不覺就忘記病痛了。」奚南薰把這些歸功於寫字。〔註23〕

奚南薰學書近五十年，享譽書壇亦二十餘年，但由於他的個性不愛炫露，又怕麻煩，所以從未舉行個展，且在臺傳世作品不多，只見私人零散收藏。〔註24〕先生受癌所苦，但一心一意為此展準備作品，過程中曾在致於世達的書信（編號5916）中提到：

> 「自中元迄今，又逾二月，恙情似平平，未有增減，以胃口體重驗之，亦均如常，惟台北天氣，實在難堪，弟本擬在年初舉行拙作展覽一次，九月間寫出四十餘件，除酬應之品，隨時送出外，亦可存三十件左右，不意一進十月，風雨相繼，陽光失踪，天壓簷頭雲入窗戶，接連三旬，竟無開霽，滿室蒸濕，衣物筆墨皆霉，弟開刀傷口，長及尺餘，如萬蟻攢噬，痛癢難忍，濕氣入胸，胸如填石，撐及背脊，既重且悶，因而一月間竟未動筆，一字未成，亦一事不作，飽食終日，度日如年，因思屏東氣候，真極樂世界矣，未識華廈何時落成，喬遷後老屋可否向公家通融，暫借弟寄居一冬，非以避寒，最可畏是台北在陰曆年前後，有三月雨季，吃不消也。」

雖然處於氣候濕寒的臺北創作，並抱病籌畫開展，而先生書法功夫底子及書法藝術造詣如此深厚，在一月之內竟可寫達四十餘件作品。此年也正逢先生六十花甲，但為一生學書成果，做一次總結呈現，是具有紀念性的。

民國六十四年（1975）二月二十日至二十五日於臺北市博愛路「孔雀畫廊」舉辦奚南薰先生個人書法展覽，雖然是他人生首辦，但過去經常參加國

〔註23〕陳月卿：〈奚南薰與肺癌搏鬥，病中不斷揮毫〉《中央日報》第六版，1975年2月25日。

〔註24〕參見於林經易〈儒醫奚南薰〉。中國書道學會：《中華書道學會書帖選集（二）》（臺北市：中華書道學會，1994年1月31日）

內外名家書法展，作品早爲書壇所推許〔註 25〕。此次展出作品爲他病中完成的六十多幅近作，四體兼具，但尤以小篆作品最多。在孔雀畫廊展覽會場上，略顯消瘦的奚南薰，還是提起精神，生氣勃勃地向觀眾說明他寫字的訣竅。〔註 26〕

奚南薰雖受癌症之苦，但卻使他更積極爲他熱愛的書法盡力。他本想在這次的個展中，將他數十年來臨過的各種碑帖重臨一遍，和他個人自成一家的書法共展一室，讓觀眾能更清楚的了解他的書法，後因體力不繼而作罷。〔註 27〕先生展出作品樣樣精湛，盛況空前。〔註 28〕而先生所作隸書〈隨園〉詩（編號 6005）在展出時，竟有七、八人重訂。〔註 29〕展出之作品爲人所競購，並獲得廣大好評。且《世界畫刊》社長張自英先生爲表敬佩，囑咐畫刊特別出版專刊介紹，並於展覽現場贈送此期畫刊一千份，作爲展覽會上贈送來賓之用，實亦聊是贊助之微意。〔註 30〕

第三節　書寫的用具與技法

一、書寫用具

（一）毛筆

書法藝術風格的呈現，是毛筆、墨、紙與書家當下寫字的心情意念所相互影響的。而奚南薰於〈駑馬十駕〉一文裡記載其四歲時使用「筆頭一寸長的羊毫」、十六歲時「習慣用羊毫、不用狼毫」來畫竹、蘭、荷、菊等。民國六十三年（1974）先生於一幅篆書條幅（編號 5901）落款處寫下他對使用羊毫的心得：「甲寅新秋試用日製羊毫，失之太剛，然亦頗有別趣。」由此可知奚南薰從幼時至晚年學書較喜好使用羊毫來書寫。

〔註 25〕　〈致力書法五十年，奚南薰展近作〉，《臺灣新生報》第五版，1975 年 2 月 20 日。
〔註 26〕　陳月卿：〈奚南薰與肺癌搏鬥，病中不斷揮毫〉《中央日報》第六版，1975 年
　　　　　2 月 25 日。
〔註 27〕　陳月卿：〈奚南薰與肺癌搏鬥，病中不斷揮毫〉《中央日報》第六版，1975 年
　　　　　2 月 25 日。
〔註 28〕　鍾克豪：〈篆法大家奚南薰〉，《藝文誌》（臺北，藝文誌社，1975 年 3 月）第
　　　　　一一四期，第 59 頁。
〔註 29〕　《世界畫刊》作品介紹，《世界畫刊》（臺北：世界畫刊社，1975 年 3 月 8 日）。
〔註 30〕　本文出自《世界畫刊》記者刊登〈行醫與寫字──寫在奚南薰展覽會〉一文，
　　　　　《世界畫刊》（臺北：世界畫刊社，1975 年 2 月 15 日）。

（二）報紙練習

政府遷臺後初期，臺灣處於反攻大陸的備戰狀態，政府也無心推動文藝事業，再加上物價飆漲，文房用品的缺乏與粗糙〔註31〕，甚至學校教職員利用日治時期的學籍簿或任何一切紙張當作封面或計算紙等〔註32〕。可見在當時年代要用白紙寫字是極其不易，但奚南薰還是有「無紙卻可練字」的辦法，在〈駑馬十駕〉中說：

> 在抗戰期間，紙張缺乏，只能用報紙練字，一張報紙，反覆重疊，寫了很多遍，大部分黑了，索性用墨塗滿空白處，變成一張黑紙，用舊筆蘸水寫在黑紙上，非常清楚，乾了再寫，如果有黑報紙十張，可供大寫特寫了。缺點是蘸水寫報紙和蘸墨寫宣紙性質迴別。所以這種經濟方法，只能作為輔助。蘇東坡說：「學字費紙」不費紙是不能寫成好字的。但這項發明，在初來臺灣時候，我還使用了幾年。

因奚南薰曾有以報紙來習書，所以往後若急需寫字，但身旁無紙，先生會隨手拿起報紙或是其他紙張來做補缺。如林打敏當時請教奚南薰〈天發神讖碑〉與「水」（左下圖）與〈嶧山刻石〉（右下圖）的用筆與字體結構，所留下的筆跡。

圖片來源：林打敏先生提供

〔註31〕 麥鳳秋：《四十年來台灣地區美術發展研究之五-書法研究研究報告展覽專輯彙編》，（臺中：臺灣省立美術館，1996年）

〔註32〕 國北師附小資訊組長郭志弘：〈物資匱乏的年代-文獻遭毀〉（北小文化誌大安區文化略考，2013年10月9日）2014年3月25日，取自 http://www.ntueees.tp.edu.tw/wordpress/culture/?p=78

（三）工具書

工具書指在學習中可以作爲工具使用的特定類型的書籍，專供查考資料，以解決學習過程中所遇到的某些疑難問題。學習書法亦是如此，而東漢許愼編著《說文解字》即爲中國第一本文字工具書。內容在於網羅當時許多的小篆、籀文、古文等古代文字，著眼於本形本義，保存當時的文字說解。而歷代不少學者都曾研究《說文解字》，當中尤以清朝時研究最爲興盛，如清代段玉裁的《說文解字注》。

奚南薰習篆使用的工具書爲臺灣商務印書館出版十二冊的《說文解字詁林》。由先生自運的作品來看，很顯然《說文解字》是影響先生極深的一本工具書。

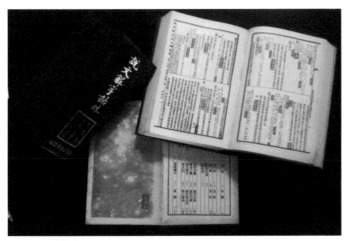

奚南薰使用的《說文解字詁林》
圖片來源：林打敏先生提供

書上的藏書印
張直厂刻

二、書寫技法

（一）以懸腕作字

奚南薰曾自述：「十歲寫字時，最吃虧是腕力太弱，於是家父命我懸腕臨習，在此之前，我是不會懸腕寫正楷字的。」且先生畫梅、蘭、竹、菊時「全用懸腕，可以鍛鍊腕力。」二十歲先生參加崑山李肖白於上海所辦「肖白書法函授學校」，李氏告知先生寫字最好能以懸腕書寫。〔註33〕

〔註33〕 參閱〈駑馬十駕一文〉。

懸腕，運筆作書，肘腕並懸，憑空而運。因其凌空取勢，揮運有力，掌控自如，故易收骨力兼到、字勢無限之效。又明代徐渭《筆玄要旨》論「執筆法」云：

> 古人貴懸腕者，可以盡力耳，大小諸字，古人皆用此法，若以掌貼桌上，則指便黏著於紙，終於氣力，輕重便當失準，雖便揮運，終欠圓健。蓋腕能提起，則覺其堅，腕豎則鋒必正，鋒正則四面勢全也。〔註34〕

懸腕不僅可以訓練腕力，也可掌握字體平穩結構，但奚南薰自認體弱、腕弱，所以寫篆書時，以「隔一張紙」懸腕執筆法（亦爲低懸腕）作書，以輔助力量，才能以中鋒使線條圓健，亦能布局字體結構間的布白，使字體更爲均勻對稱。〔註35〕

（二）自用我法，破方爲圓

奚南薰自幼臨碑，隨年事漸長，交友漸廣，悟出北碑與漢碑一脈相承的血緣關係。曾云：「由於臨碑日久，筆法漸熟，可以不必用心，筆鋒自然得中。因而悟出所謂方筆圓筆，可以互相爲用，不必作意爲方爲圓。」學篆時「寫〈天發神讖碑〉也用圓筆，不用方筆，就很像完白了。」〔註36〕

「方圓」爲中國書法理論的重要對偶範疇，從方筆可以顯示出端正、雄峻之美，從圓筆中可以顯示出婉轉、渾穆的美。晉代衛恒於《四體書勢》云：方不必合於矩，圓不必中於規。〔註37〕而清康有爲《廣藝舟雙楫》〈綴法篇〉提出：

> 書法之妙，全在運筆。該舉其要，盡於方圓。操縱極熟，自有巧妙。方用頓筆，圓用提筆，提筆中含，頓筆外拓。中含者渾勁，外拓者雄強。〔註38〕

奚南薰篆法融合方圓，目的是不想被古人所囿，而自用我法，自成一個面目。

〔註34〕陶明君：《中國書論辭典》（湖南，湖南美術出版社出版，2001 年 10 月）第124 頁。

〔註35〕林打敏口述。

〔註36〕參閱〈駑馬十駕一文〉。

〔註37〕陶明君：《中國書論辭典》（湖南，湖南美術出版社出版，2001 年 10 月）第41 頁。

〔註38〕康有爲：《廣義舟雙楫疏證》（臺北，華正書局有限公司出版，1980 年 5 月初版）第 196 頁。

（三）逆入平出，筆毫平鋪紙上

奚南薰初學漢隸筆法是由包世臣《藝舟雙楫》：「逆入平出，筆毫平鋪紙上。」之方法來做隸書，最後運用在寫篆上面，以鋒直行於紙上。先生於〈駑馬十駕〉曾說：「我從三十一歲學起，因我向來學習漢魏碑，所熟練的筆法，適於作篆，所以並不覺難，相反的『逆入平出』的用筆方法，用作真書，未必能獲當今一般人賞識，作篆卻正相宜。」且奚南薰寫篆速度緩慢，主張「內力表現於外力」，如打太極一般，雖然表面上看似柔和溫潤，但其內在線條是如此遒勁有力。〔註39〕

宗孝忱《述篆》云：「篆書筆法，逆起回收，兩端皆圓，隱行如舟，橫必水平，豎必繩直，距離相等，平均用力，無撇無捺，畫圓必準，心手相應，筆畫勻整，石鼓嶧山，臨摹正確，功力既深，神味斯卓。」〔註40〕

而奚南薰主張起筆回鋒，並為一筆劃的一半長度起筆；收筆處急煞提起為「急煞鋒」，使收筆處會有些許的破筆效果產生。〔註41〕而與宗孝忱寫篆同以「逆起」方式起筆，但收筆處顯然與宗孝忱「兩端皆圓」方式有所不同。

三、印章

奚南薰生前用印，目前由林打敏保管存放，大部分用印有刊登於《奚南薰先生紀念專輯》與《中華書道書帖選集（二）》，但有幾方於作品上所蓋的印章，是兩本書籍內所沒有的，如先生最常使用的〈奚南薰印〉白文名印（印7）與「墨蓀」朱文名印（印8），是吳平所刻。而這兩方印已在奚南薰於六十歲更名為南勛時，磨掉舊印而重刻新名，所以此兩方原印已不存於世。〔註42〕

奚南薰雖無刻印，但與印界朋友交情甚篤，以吳平為他刻印最多，單單是輯入在吳平《吳平堪白印集》中就有十八方之多，且每印均精。而〈奚南薰〉朱文名印（印3）為常用印，由先生五十歲至六十一歲之間的作品都可看見此印（參見表3-3-1、表3-3-2、表3-3-3）。而書印朋友間交流記事於〈十年春雨養龍髯〉朱文印（印10），由吳平刻印，江兆申舉詩句，而贈予王北岳。其邊款為：「北岳專攻園藝，屬製閒印。兆申舉坡詩『十年春雨養髯龍句』，以示蓋坡公善種松秀才，杜興從學其法，故云而余荒唐，顛倒作龍髯，兆申

〔註39〕 林打敏口述。
〔註40〕 宗孝忱：《述篆》（臺北市：宗玥，1975年再版）第5頁。
〔註41〕 林打敏口述。
〔註42〕 林打敏口述。

見之曰：『亦通北岳與坡公固同具阿鬍子』。也因相與大笑，不廢此印。甲辰十月，堪白搔首識。」而江兆申於後亦留其邊款：「北岳虬鬚如刺松，堪白髮稀同杜公，何苦鑴題更搔首，莫使兒童訝禿翁。莊生謂言惟在意，亦已得知言可棄，誰因史漢責馬班，記事略同文迥異。我聞白馬原非馬，鳳可呼雞雞作鶩，龍鬚未始非鬐龍，安之不是蘇鬚誤。兆申甲辰十月題識。」而奚南薰以「十年春雨養龍鬚」句再作「一笛晚風橫犢背」爲其上聯，因王北岳本學農，蓋去騎牛橫笛，其愈於勞形案牘也遠矣。如編號 5402。

　　江兆申、王北岳與奚南薰交情甚好，亦爲先生刻諸方用印，江氏刻有六方，以〈奚南薰〉白文名印（印 5）、〈毘陵奚氏南薰〉白文名印（印 14）、〈墨孫書翰印記〉朱文印（印 15）三方使用較多。而王氏刻有四方印，皆爲先生五十八歲時所用之印。

　　其他如梁乃予於甲寅年（1974 年）所刻的〈奚氏〉白文姓印（印 39）與〈南勛〉朱文名（印 40）對印，其印石爲王北岳所提供。而蓋於十二冊的《說文解字詁林》上的〈奚南薰讀書記〉朱文印（印 38）與〈奚南薰印〉朱文名印（印 44）係由開刻印店於臺北市衡陽路上的張直厂所刻。而編號 6004 作品上聯所蓋的壓腳章爲先生徒弟林打敏所刻，爲〈永受嘉福〉朱文鳥蟲篆圓形印（印 30）。

表 3-3-1　奚南薰用印

印 1	印 2	印 3
奚南薰印	千年精衛心塡海（吳平刻） 3.18×3.18cm，1961 年	奚南薰（吳平刻） 2.65×2.65cm

印 4	印 5	印 6
墨孫知非（吳平刻）2.55×2.55cm	奚南薰（江兆申刻）1×1cm 與印 23 為對章	墨孫（吳平刻）2×2cm
印 7	印 8	印 9
奚南薰印（吳平刻）	墨蓀（吳平刻）	奚南薰（吳平刻）2.14×2.14cm

印 10	印 11	印 12
十年春雨養龍髯（王北岳用印）（吳平刻）3.2×3.2cm	毘陵奚氏（吳平刻）1.3×1.3cm 與印 28 為對章	南薰長壽（吳平刻）1.4×1.4cm

印 13	印 14	印 15
毘陵奚氏（吳平刻）	毘陵奚氏南薰（江兆申刻）	墨孫書翰印記（江兆申刻）
2.3×2.3cm	2.9×2.9cm	2.9×2.9cm
印 16	印 17	印 18
毘陵奚氏（王北岳刻）	六十更名南勛（王北岳刻）	銅雀硯齋（吳平刻）
3.8×3.8cm 與印 17 為對章	3.8×3.8cm 與印 16 為對章	1.5×3cm
印 19	印 20	印 21
墨孫長壽（吳平刻）	蓉湖漁長（吳平刻）	奚（王北岳刻）
1.7×1.7cm	2×2cm	0.75×0.75cm
	與印 19 為對章 1961 年	
印 22	印 23	印 24
南薰（王北岳刻）	墨孫（江兆申刻）	墨蓀無恙（吳平刻）
0.75×0.75cm 與印 21 為對章	1×1cm	2.55×2.55cm

印 25	印 26	印 27
落梅風裏別江南（吳平刻） 3.26×3.26cm	留命待桑田（吳平刻） 1.28×6.12cm	自得以爲娛（江兆申刻） 1.1×4.6cm
印 28	印 29	印 30
六十更名南勛（吳平刻） 1.4×1.4cm 與印 11 爲對章	茗華館（吳平刻） 1.5×2.5cm	永受嘉福（林千乘刻） 4×4cm，1975 年
印 31	印 32	印 33
毘陵奚氏（吳平刻） 2.4×2.4cm	南薰私印	奚南薰印

印 34	印 35	印 36
墨孫私記（江兆申刻） 1.8×1.8cm	奚南薰（吳平刻） 1.4×1.4cm	墨蓀（吳平刻） 1.52×1.52cm
印 37	印 38	印 39
蓉湖漁長（吳平刻） 1.8×1.8cm	奚南薰讀書記（張直厂刻） 1.25×2.4cm	奚氏（梁乃予刻） 1.1×1.1cm 與印 40 為對章
印 40	印 41	印 42
南勳（梁乃予刻） 1.1×1.1cm 與印 39 為對章	六十更名南勳（吳平刻） 2.2×2.2cm	兵戈不見老萊衣（吳平刻） 2.7×2.75cm
印 43	印 44	印 45
奚南薰印（吳平刻） 2.6×2.6cm	奚南薰印（張直厂刻） 1.6×1.6cm	奚墨孫 0.6×0.6cm

印 46	印 47	印 48
長壽 0.8×1.1cm	如願 1×1.5cm	奚南薰印（吳平刻） 4×4cm

印 49	印 50	
墨孫（吳平刻） 4×4cm	奚墨孫（吳平刻） 2×2cm	

表 3-3-2　奚南薰作品用印一欄表（依作品別）

作品編號	印　章	作品編號	印　章
4801	印 1、印 2	6003	印 3、印 24
5001	印 3、印 4	6004	印 29、印 30、印 3、印 24
5101	印 5、印 6	6101	印 3、印 4
5301	印 7、印 8	0005	印 31
5401	印 7、印 6	0006	印 31
5402	印 3、印 10	0014	印 3
5403	印 11、印 12	0016	印 3、印 4
5404	印 3、印 4	0017	印 3、印 4
5501	印 3、印 4	0018	印 31、印 32
5502	印 13	0019	印 12、印 11

5503	印 14、印 15	0020	印 7、印 8
5504	印 14、印 15	0021	印 33、印 34
5505	印 7、印 8	0024	印 3、印 2
5601	印 7、印 8	0027	印 7、印 8
5602	印 14	0028	印 3、印 4
5802	印 7、印 8	0029	印 3、印 4
5803	印 7、印 8	0031	印 7、印 8
5804	印 3、4	0032	印 35、印 36
5805	印 16、印 17	0035	印 3
5806	印 18、印 2、印 7、印 8	0037	印 3、印 24
5807	印 19、印 20	0038	印 3、印 24
5808	印 3	0039	印 3、印 24
5809	印 21、印 22	0040	印 3、印 4
5810	印 23	0041	印 3
5811	印 3	0042	印 7、印 6
5901	印 7、印 8	0043	印 3
5902	印 7、印 8	0044	印 7、印 8
5903	印 7、印 8	0045	印 7、印 8
5905	印 7、印 8	0048	印 3、印 24
5906	印 7、印 8	0051	印 19、印 20
5908	印 7、印 8	0052	印 19、印 37
5909	印 7、印 8		
5910	印 14、印 15		
5911	印 3、印 24、印 25		
5912	印 26、印 20、印 27、印 11、印 28、印 29		
6001	印 29、印 20、印 7、印 8		
6002	印 3、印 24		

表 3-3-3　奚南薰作品用印一欄表（依印號別）

印章	有紀年作品	未紀年作品
印 1	4081	
印 2	4801、5806	0024
印 3	5001、5402、5404、5501、5804、5808、5811、5911、6002、6003、6004、6101	0014、0016、0017、0024、0028、0029、0035、0037、0038、0039、0040、0041、0043、0048

印 4	5001、5404、5804、6101	0016、0017、0028、0029、0040
印 5	5101、5401、5809	
印 6	5101	0042
印 7	5301、5505、5601、5802、5803、5806、5901、5902、5903、5905、5906、5908、5909、6001	0020、0027、0031、0042、0044、0045
印 8	5301、5505、5601、5802、5803、5806、5901、5902、5903、5905、5906、5908、5909、6001	0020、0027、0031、0044、0045
印 9	5401	
印 10	5402	
印 11	5403、5912	0019
印 12	5403	0019
印 13	5502	
印 14	5503、5504、5602、5910	
印 15	5503、5504、5910	
印 16	5805	
印 17	5805	
印 18	5806	
印 19	5807	0051、0052
印 20	5807、5912、6001	0051
印 21	5809	
印 22	5809	
印 23	5810	
印 24	5911、6002、6003、6004	0037、0038、0039、0048
印 25	5911	
印 26	5912	
印 27	5912	
印 28	5912	
印 29	5912、6001、6004	
印 30	6004	
印 31		0005、0006、0018
印 32		0018
印 33		0021
印 34		0021
印 35		0032
印 36		0032
印 37		0052

第四章　奚南薰篆書藝術的特質分析

　　奚南薰三十一歲開始接觸篆書，起步雖晚，但其藝術成就甚高，求書者甚多，時爲書壇藝友所讚揚。因先生出版作品集不多，僅有民國五十九年（1970）以得獎作品出版的《奚南薰篆書冊》、奚南薰先生紀念專輯編輯委員會於民國七十六年（1987）3 月出版的《奚南薰先生紀念專輯》、中華書道學會第二冊刊登奚南薰書〈梁吳均與朱元思書〉以及臺中市元成出版社於民國八十八年（1999）9 月出版的《奚南薰篆書集》。其餘作品蒐集由當時報章雜誌及畫刊所刊登先生作品以及與先生爲師徒關係的林打敏老師所提供。

　　本論文蒐集所見奚南薰篆書有紀年作品的年代範圍爲先生四十四歲（1959 年）至六十一歲（1976 年）十七年間的作品，共計三十五件。其餘五十一件未紀年之作，並共同進行探討。

　　本章第一節已有紀年作品的署名來推算未紀年作品的時代。第二節所探討奚南薰臨習作品，依據先生〈駑馬十駕〉一文所記載臨習篆書碑帖的順序來進行介紹。第三節由鄧石如、吳讓之、楊沂孫、吳大澂的篆書風格來與奚南薰作品進行比較。第四節爲分析奚南薰在 1966 年至 1976 年這十年間篆書的藝術風格特色。第五節介紹奚南薰其他書風作品與其特色。

　　在進行本章節討論前，先說明在蒐集資料過程中，發現有十八件奚南薰篆書對聯出現「本文相同，款文不同」的差異。有款文的作品來源全出自於臺北奚南薰先生紀念專輯編輯委員會出版的《奚南薰先生紀念專輯》；而無款文的作品來源全出自於臺中市元成出版社出版的《奚南薰篆書集》。是否有作品眞僞的疑慮，由下方所對照的作品圖示來說明。

1. 1967 年 8 月〈清似釣船聞夜雨，皎如明月在秋潭〉對聯 　　編號 5201 奚南薰贈觀漁先生		2. 1968 冬〈臺閣山林本無異，銀鈎秀句益疏通〉對聯 　　編號 5301 奚南薰贈張壽賢先生	
編號 5201 《奚南薰先生紀念專輯》第 53 頁	《奚南薰篆書集》 第 85 頁	編號 5301 《奚南薰先生紀念專輯》第 17 頁	《奚南薰篆書集》 第 50 頁
3. 1969 年 5 月 5 日〈一笛晚風橫犢背，十年春雨養龍髯〉對聯 　　編號 5402 奚南薰贈王北岳先生		4. 1975 年 12 月〈海近雲濤驚夜夢，天清絲管在高樓〉對聯 　　編號 6004 上聯有兩方印章	
編號 5402 《奚南薰先生紀念專輯》第 69 頁	《奚南薰篆書集》 第 86 頁	編號 6004 《奚南薰先生紀念專輯》第 26 頁	《奚南薰篆書集》 第 54 頁

5. 未紀年〈物外真游來几席，人間榮顯付荅通〉對聯 編號 0021 奚南薰贈仲昆道長	6. 未紀年〈道藝純時吐白鳳，莉花芳候轉黃鶯〉對聯 編號 0031 奚南薰贈道純賢倿結婚嘉禮
編號 0021 《奚南薰先生紀念專輯》第 32 頁	《奚南薰篆書集》第 62 頁	編號 0031 《奚南薰先生紀念專輯》第 17 頁	《奚南薰篆書集》第 50 頁
7. 未紀年〈拳石畫臨黃子久，膽瓶花插紫丁香〉對聯 編號 0037 奚南薰贈靈之先生	8. 未紀年〈聞鐘未可虛清夜，攬鏡還應及妙年〉對聯 編號 0038 奚南薰贈本農先生
編號 0037 《奚南薰先生紀念專輯》第 37 頁	《奚南薰篆書集》第 66 頁	編號 0038 《奚南薰先生紀念專輯》第 41 頁	《奚南薰篆書集》第 70 頁

9. 未紀年〈鹿鳴綠野存詩義，鳥步蒼苔識古文〉對聯
　　編號 0039 奚南薰贈士英先生

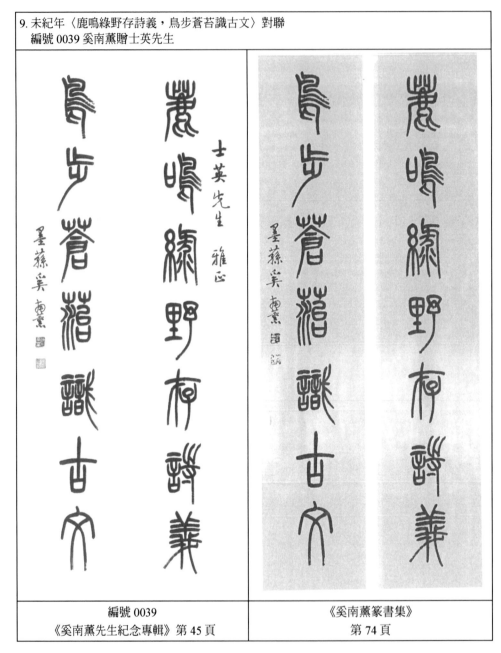

編號 0039 《奚南薰先生紀念專輯》第 45 頁	《奚南薰篆書集》 第 74 頁

　　由以上的十八張圖對照之下，兩兩之間的作品的字形、結構、間距、布白、行氣、線條等，都無差異，就屬款文內容不相符。此應爲《奚南薰篆書集》出版社有版權問題，所以在編輯過程中把款文清除，只留簽名。所以十八張對聯作品實爲九件，沒有作品眞僞疑慮。

第一節　奚南薰未紀年作品年代分析

　　奚南薰未計年篆書作品數量甚多，為以本論文分析先生書風的轉變，其推算未紀年作品為必要條件。以奚年薰有紀年之篆書作品三十五件、其它作品二十件與無紀年篆書作品五十二件，共計一〇七件來進行署名與用印的交叉比對，由奚南薰有紀年的作品署名，依其「墨孫」或「墨蓀」以及「奚南薰」的署用情形，可以發現署名書法分前期（44～55歲），後期（55～60歲）各三類，分別為：「孫」與「蓀」字、行草「南」字、楷行「南」字。

前　期	孫	南	南
	56歲前	48～54歲	53～55、58歲
後　期	蓀	南	南
	55歲始	56歲以後	55～60歲

一、「孫」與「蓀」字

　　（一）、署名「孫」字出現有紀年作品六件，為50、54與56歲。若再結合未紀年作品推斷，其用期為56歲前，如下：

5001	5002	5401	5402	5501	5602

　　以下無紀年作品，署名為墨「孫」有十一件：

0002	0014	0015	0016	0017	0018

0019	0020	0021	0022	0023

　　編號 0023 之作於 1970 年刊登於《世界畫刊》，所以此件必爲 55 歲前之作。由此「孫」字用法，並結合下述「南」字的寫法，可推論其十件未紀年作品爲 55 歲前所作。但編號 0019 與先生 60 歲所作（編號 6003）的書法風格都是以較爲方正的手法表現，值得再加注意深入考察。

　　（二）、55 歲開始署名「墨蓀」者，共有十件爲有紀年作品，如下：

5502	5601	5805	5906	5908

5910-1	5910-2	5912	6005	6101

以下無紀年作品，署名爲「墨蓀」者計有十件：

0032	0037	0038	0039	0041
0043	0045	0047	0048	0049

　　以上用「蓀」的未紀年十件作品，再結合「南」字寫法用期相互印證，可以推斷爲 55 歲起以後的作品。

二、行草「南」字

　　（一）、奚南薰署名第二分別爲兩種行草「南」字寫法，依照有紀年作品所見，其一「南」草書寫法出現於前期 48～54 歲，共計七件。

4801	5101	5001	5002
5201	5401	5404	

　　此草書「南」字，於未紀年作品共計十件。其中三件和 5401 相同均與「墨孫」合用，整體而言，亦可推斷此草書「　（南）」字寫法的用期為 55 歲以前。

0002	0004	0005	0006	0007
0008	0009	0010	0019	0022

（二）、而另一種行書「　（南）」字寫法，依照有紀年作品用例，出現於 56 歲後，共計二十一件。其中有七件與「墨蓀」並用。

5601	5802	5803	5804	5806
5807	5808	5811	5905	5906
5910-1	5911-2	5911-4	5912	5913
5914	5915	5916	6003	6005	6101

此種行書「南（南）」字寫法，於未紀年作品共計十六件。其中有二件（編號 0019、0022）與「墨孫」並用，故推斷此二件為 55 歲頃之作；另有九件則與「墨蓀」並用。整體而言，此種行書「南（南）」寫法用期，可推斷為 55 歲開始應用書寫。

0020	0023	0034	0035	0037
0038	0040	0041	0042	0043
0044	0045	0046	0047	0048	0049

三、楷行「南」字

（一）、奚南薰署名第三種分別爲兩種楷行書「南」字，其一「南（南）」爲尋常寫法，共計六件，較多出現於前期53～55歲，但58與60歲亦出現相同用例，故難以明確地界定其用期。

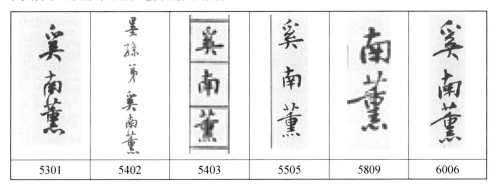

5301	5402	5403	5505	5809	6006

此種楷行「南（南）」字寫法，於未紀年作品共計十件。

0011	0012	0014	0016	0021
0030	0031	0032	0033	0034

在未紀年作品中，與「墨孫」並用的三例，似爲55歲初以前，而與「墨蓀」並用者（編號0031）則爲55歲開始的作品。此外，所餘五件作品便難以推斷。所以此種尋常寫法的行楷「南（南）」字，不列入年代推算範圍之中。

（二）、另一行楷「南（南）」字中省一橫的減省寫法，在有紀年作品的用例，出現於 55 至 60 歲，但於 44 歲也有出現此行楷「南（南）」字，增加了推斷上的不確定性，共計十七件如下。其中有二件與「墨孫」，另二件與「墨蓀」並用。

4401	5501	5503	5504	5602
5801	5805	5903	5904	5907

5909	5910-4	5911-1	5911-3	6001	6002	6004

此種楷行「**南**（南）」字寫法，於未紀年作品共計八件，其中有一件與「墨孫」並用，另一件與「墨蓀」並用，均推斷爲55、56歲之際所作。基本上，此種寫法仍以推斷爲55歲以後所做的可能性較高。

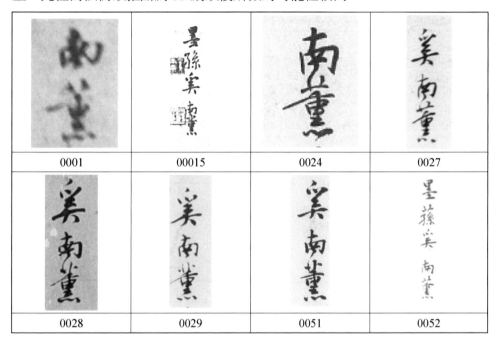

0001	00015	0024	0027
0028	0029	0051	0052

由以上前後期作品署名的規則與奚南薰作品用印（表3-3-2、表3-3-3），整理出下表：署名和用印的相同條件與有紀年作品的比對，再而推論無紀年作品年代。

編　號	署名印章推算年代	編　號	署名印章推算年代
0001	1965年刊登於《讀友畫刊》，定爲50歲前寫	0028	推55歲後
0002	51～52歲	0029	推55歲後
0004	推55歲前	0030	推55歲傾
0005	推55歲前	0031	推55歲前
0006	推55歲前	0032	推55歲後
0007	推55歲前	0033	
0008	推55歲前	0034	
0009	推55歲前	0035	1975年初刊，爲60歲前作，推56歲後
0010	推55歲前	0036	推56歲後

0011	51 歲後至 53 歲前	0037	推 56 歲後
0012	53 歲	0038	推 56 歲後
0013	1973 年初刊，定爲 58 歲前寫，推 55 歲前	0039	推 56 歲後
0014	推 55 歲前	0040	推 56 歲後
0015	推 55 歲前	0041	推 56 歲後
0016	推 55 歲前	0042	推 56 歲後
0017	推 55 歲前	0043	推 56 歲後
0018	推 55 歲前	0044	推 56 歲後
0019	推 55 歲前	0045	推 56 歲後
0020	推 55 歲頃	0046	推 56 歲後
0021	推 55 歲頃	0047	推 56 歲後
0022	推 55 歲前	0048	推 56 歲後
0023	1970 年刊登於《世界畫刊》，定爲 55 歲前寫	0049	推 56 歲後
0024	推 55 歲後	0050	
0025	推 55 歲後	0051	推 58～60 歲
0026	推 55 歲後	0052	推 58～60 歲
0027	推 55 歲後		

第二節　臨習書跡

　　由第三章第一節的表 3-1-1 可以得知，三十一歲的奚南薰，在常州收到許多舊家收藏的碑帖，其中篆書有〈嵩山少室〉、〈開母〉兩石闕、〈禪國山碑〉。奚南薰又曾說：「一般人以爲我專學鄧完白或吳讓之，其實我最先學嵩山兩石闕，次〈袁安碑〉、〈袁敞碑〉，後學〈石鼓文〉、〈天發神讖碑〉等。」〔註 1〕三十五歲來臺後觀察漢碑額、臨鄧石如、李陽冰、吳讓之篆書。四十五歲後改學〈石鼓文〉、金文。

―――――――――

〔註 1〕 出自奚南薰〈駑馬十駕〉一文。

一、〈開母廟石闕〉

圖 4-1-1　〈開母廟石闕〉出處：二玄社：《書跡名品叢刊》第二集漢嵩山三闕銘

　　〈開母廟石闕〉（圖 4-1-1），位於河南登封縣登封城東北三公里萬歲峰之開母廟前，爲西漢三石闕之一。銘文篆書三十五行，前十一行，行七字，後二十四行，行十二字。闕身有漢畫像，與銘文書法交相輝映。〔註2〕〈開母廟石闕銘〉闕之形式、大小和〈嵩山太室〉、〈嵩山少室〉兩闕相似，而其篆書較〈少室石闕銘〉爲嚴謹，比李斯諸刻方緊，而秦篆渾樸茂美之氣，尚依稀可見。〔註3〕清馮之鵬評此銘：「漢碑皆隸書，其篆書者絕少。此與〈少室銘〉實一時一手所作。篆法方圓茂滿，雖極剝落，而神氣自在。其筆勢有肥瘦，亦有頓挫，與漢繆篆相似。」而康有爲稱其「茂密渾勁」不爲過譽。

　　從已把跳脫缺字的原拓〈開母廟石闕〉（圖 4-1-2）與奚南薰〈節臨漢開母廟石闕〉（編號 0030）的相較下，奚氏所作結體較長，中宮較高，線條細勁流暢，粗細無原拓如此顯著的肥瘦筆勢，彎曲角度較無方圓之筆，反而多了渾圓秀麗之用筆，由奚氏之作中可發現「翩」、「歇」、「祿」、「溥」、「耀」等字尤爲明顯。由此可見，奚南薰以習書筆法「破方爲圓」來「意臨」此碑。

〔註 2〕業程義：《漢魏石刻文學考釋》（臺北：新文豐出版股份有限公司，1997 年 4月）第 1206 頁。

〔註 3〕梁披雲：《中國書法大辭典》（香港：書譜出版社出版，1984 年 10 月）第 1059頁。

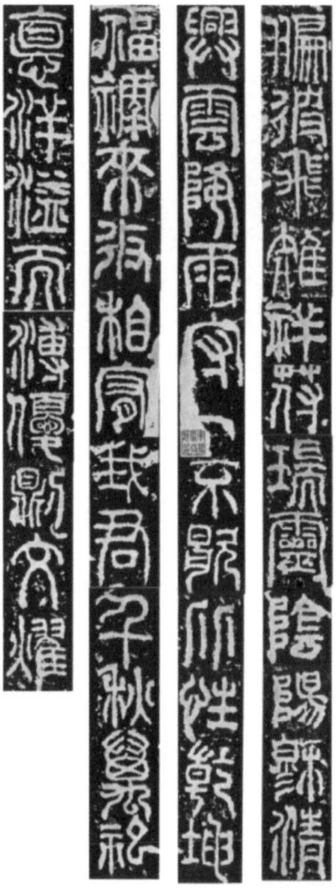

圖 4-1-2〈開母廟石闕〉（整理後）
出處：二玄社：《書跡名品叢刊》第二集
漢嵩山三闕銘

編號 0030〈節臨漢開母廟石闕〉
出處：林打敏老師提供
參照書法圖錄第 234 頁。

二、〈袁安碑〉

　　〈袁安碑〉（圖 4-1-3），全名〈漢司徒袁安碑〉，東漢永元四年（西元 92 年）刻，每字六、七公分，現存一百三十九字。碑穿在第五、六兩行七、八字之間，爲漢碑中所少見。1932 年於偃師縣新家村發現，現存河南省博物館。

　　〈袁安碑〉〔註4〕爲東漢篆書的重要作品，與其次子的〈袁敞碑〉（元初四年，西元 117 年）如出一手，篆法極爲相似。漢代傳世篆書爲數甚少，是因爲漢代通行爲隸書，儘管篆書在西漢仍然使用，但有不同於前代的特點，筆勢、結構漸漸趨向於方正。〔註5〕漢篆也是在金石專業職工製印等設計中傳承，故多加飾

〔註 4〕李櫵：《秦漢刻石選譯》（北京：文物出版社出版，2009 年 4 月）第 42 頁。
〔註 5〕林進忠：《認識書法藝術——篆書》（臺北：國立臺灣藝術教育館，1997 年）

盤迴，但對後代對於篆文的字形使用與認知則極有影響。〔註6〕〈袁安碑〉是近世以來所出土篆書碑刻中最完整的，書風上屬於規範嚴謹一類，字字鋒穎如新，界格完好可見，篆法通婉流暢，筆畫圓潤，柔中帶剛，字體方正，是漢代小篆書法的傑作，不失爲臨習篆書的好範本。

圖 4-1-3〈袁安碑〉

出處：二玄社《書跡名品叢刊》第二集

漢袁安碑／袁敞碑

第 106 頁。

〔註 6〕王星光：〈袁安碑〉，《檔案管理》（河南：河南省檔案局，2005 年 5 月）第一五六期，第 86 頁。

　　奚南薰〈節臨漢袁安碑〉的作品（編號0018），線條圓潤流暢，字體結構與整理跳脫缺字後之〈袁安碑〉拓本（圖4-1-4）相較下顯得更緊湊，如「永」、「孝」、「廉」等字，字形也稍微拉長，較無方正，反而更顯柔曲，如「安」字。「陽」、「三」兩字體結構與原拓有明顯差異，「平」字第四畫的橫畫用筆是此作品中唯一不是使用「逆入平出」的方式起筆，由放大圖（右下兩圖）對照下，原碑「平」字第四畫的橫畫起筆處有刻蝕的痕跡，但〈袁安碑〉其他字的橫畫都爲迴鋒起筆，若此橫畫是以切筆的方式起筆，那與此碑用筆特色就大相逕庭。此處應爲歲月累積而造成斑剝或人爲因素造成的缺口。而奚南薰所寫的「平」字第四畫的橫畫起筆，很顯然不是使用逆入平出的方式起筆，而是直畫筆鋒起筆，造成此橫畫在這張作品中如此突兀。

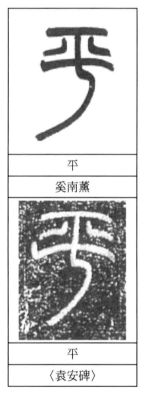

編號0018〈節臨漢袁安碑〉
出處：《奚南薰先生紀年專輯》，
　　　　第68頁
參照書法圖錄第222頁。

圖4-1-4〈袁安碑〉（整理後）
出處：二玄社《書跡名品叢刊》
　　第二集漢袁安碑/袁敞碑

　　在奚南薰臨書作品中可發現部分字的收尾處有缺口（圖 4-1-5 圈起處），此為收筆速度較快而造成的現象。其後有〈臨韓仁銘碑額〉（編號 0051）、〈節臨石鼓文〉（編號 0017）、〈節臨毛公鼎〉（編號 0001）都有這種收尾處缺口的狀況出現。

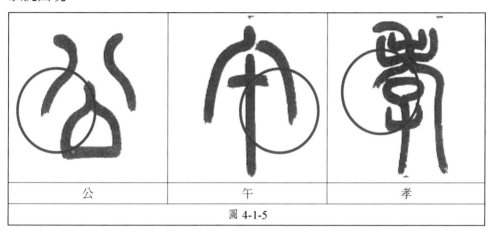

| 公 | 午 | 孝 |

圖 4-1-5

三、〈韓仁銘〉碑額

　　此碑全稱〈漢循吏故聞憙長韓仁銘〉，為東漢後期靈帝熹平四年（西元 175 年）前聞憙長韓仁卒後的墓誌銘。清康熙間（1622～1722）曾一度亡失。現今碑在河南滎陽市文物管理所院內。

　　由於受到正體隸書的影響，東漢篆書已無復秦代刻石篆書那種標準純粹的玉箸風範，而更多表現出隸化特徵。東漢篆書則主要用於高級官方文書、樞銘、官鑄銅器銘文、題記、刻石文辭、碑額、宮室磚瓦等，漢碑額便是其中主要的一種載體形式〔註7〕。

　　〈韓仁銘〉碑額（圖 4-1-6）為陰刻篆書「漢循吏故聞憙長韓仁銘」共兩行，每五字一行。〔註8〕此為漢代篆書不可多得的一件篆書精品，是漢代篆書代表作之一。被〈中國書法大辭典〉評為「其書法結體長短，隨字結構，行間茂密和而能變，與碑文隸書同出一手，可稱雙絕。」〔註9〕其篆書用筆舒暢流順，轉折處化圓為方，結體沉穩生動，顯得典雅安閒，是漢篆中上乘之作。

〔註 7〕楊帆：《論漢碑額篆書對清代中後期篆刻的影響》（南京藝術學院美術研究所碩士論文，2013 年 4 月 26 日）第 7 頁。

〔註 8〕梁披雲：《中國書法大辭典》（香港：書譜出版社出版，1984 年 10 月）第 1080 頁。

〔註 9〕任伯森：〈試論《韓仁銘》碑刻的書法藝術〉，《青少年書法》（河南：河南省美術出版社，2005 年）第六期，第 29 頁。

圖 4-1-6 〈韓仁銘〉碑額
出處：上海書畫出版社：《中國碑帖經典——韓仁銘》

奚南薰來臺後開始接觸漢碑額，所作〈臨韓仁銘碑額〉雖未紀年（編號 0051），但由署名及用印可推斷此作為 58～60 歲作（請參本章第一節）。奚南薰此作是臨習作品中忠實呈現的其中之一。因書寫版面不同，所以每字的大小均等，結體較無長短的差別，但字形有較偏長。而先生對於轉折處化圓為方的特色掌控得當，但還是有部分以圓曲方式呈現，如「悳」下方的「心」字。

此作落款「漢碑額之最佳者，趙撝叔全學此也。」由於明清以來的篆刻創作，白文印取法於漢、魏，朱文印追隨六朝、唐、宋、元，是以「印內求印」發展的一條主線。趙之謙豐厚的金石學養，並大膽嘗試印章之外的古碑版、銅器銘文入印〔註 10〕。吳大澂在《甄古齋印譜序》中說道：「近數十年來，模仿漢印而不爲漢印所拘束，參以漢碑額、秦詔版而兼及古刀幣文，惟會稽趙撝叔之謙，爲能自闢門徑，氣韻亦古雅可愛，惜其平生不肯爲人作印，故流傳絕少。」明確指出趙之謙參以漢碑額等金石文字入印能「自闢門徑」，並達到「古雅可愛」的審美境界〔註 11〕。如圖 4-1-7 其邊款爲「悲庵擬漢碑額」，其結字端莊含蓄，線條圓轉流美。

〔註 10〕 洪松木：《趙之謙的書學思想研究》（國立臺灣藝術大學美術學院造形藝術研究所中國書畫組碩士論文，2007 年）第 169 頁。

〔註 11〕 楊帆：《論漢碑額篆書對清代中後期篆刻的影響》（南京藝術學院美術研究所碩士論文，2013 年 4 月 26 日）第 32、33 頁。

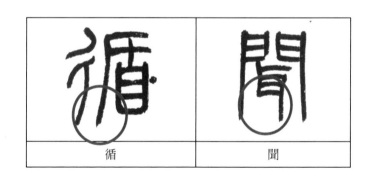

編號 0051 臨韓仁銘碑額〉出處:《奚南薰先生紀年專輯》,第 55 頁
參照書法圖錄第 255 頁。

循	聞

上圖二字也同樣出現收筆處有缺口,與前述(圖
4-1-5)的收尾用筆相同。

圖 4-1-7 趙之謙〈趙〉

四、〈城隍廟碑〉

圖 4-1-9　李陽冰〈城隍廟碑〉

〈城隍廟碑〉(圖 4-1-9)又稱〈縉雲縣城隍廟記碑〉,唐乾元二年(西元 759 年)刻,李陽冰為縉雲縣城隍祈雨有應之後所撰並書。原石久佚,宋代依紙本重刻,碑在處州縉雲縣(今浙江省麗水市縉雲縣)。〔註12〕據《金石萃編》載〈城隍廟碑〉碑高五尺七寸,廣三尺七分。故宮博物院收藏清乾嘉時期整張拓本,縱 139 公分,橫 72 公分。碑文篆書 8 行,行 11 字,篆字長不足三寸,寬二寸餘,無篆額,全文共 86 字。蓋小篆自秦李斯後至唐之李陽冰,宋之徐鉉,元、明兩代無能者,清之錢坫等相沿舊習。世稱為「玉筋篆」或「鐵線篆」。雖外形沿襲小篆的長方,但比斯篆更修長,重心上提,上下更舒展。〔註13〕此碑書法唐舒元輿於《玉箸篆志》云:「瘦勁通神,卻不纖弱,中鋒行筆,結體委婉自如,與所書他碑不同,結字秀美而不媚俗,細筋入骨,神情飛動,氣脈確能。躬入篆室,獨能隔一千年而與秦斯相見」。又文字應規入矩,出入《說文》的是小篆標準書體。

先生曾〈節臨城隍廟碑〉(編號 0004),並在落款處寫下「素不學少溫篆,偶一臨之,未見其妙,徒覺寒瘦而已。」對此篆法只是「馬戲之走鋼索,只

〔註12〕馬季戈:《書藝珍品賞析——李陽冰》(臺北:石頭出版股份有限公司,2005年 3 月) 第 4 頁。

〔註13〕徐文平、鄒建利:〈李陽冰《縉雲縣城隍廟記碑》及其書法藝術〉,《麗水學院學報》(浙江:麗水學院學報出版,2004 年) 第四期,第 45 頁。

是特技表演。」〔註 14〕此字體線條平滑，粗細一致。雖先生說自己「未曾致力」於此〔註 15〕，但從整理跳脫缺字後的原拓（圖 4-1-10）中可見，本來圓筆易滋媚有餘而蒼勁不足，細瘦易纖弱而不剛健，但由於奚南薰筆筆善於用鋒，線條瘦勁通神，似癯實腴，遒勁有骨力，與原拓相較之下奚氏所作有再現李陽冰的精韻。

編號 0004〈節臨城隍廟碑〉

出處：《台灣藝術經典大系渡海碩彥‧書海揚波》第 147 頁

參照書法圖錄第 208 頁。

圖 4-1-10〈城隍廟碑〉（整理後）

出處：臺北市：漢華事業股份有限公司出版〈宋拓城隍廟碑〉

〔註14〕 鍾克豪：〈篆法大家奚南薰〉，《藝文誌》（臺北，藝文誌社，1975 年 3 月）第 58 頁。

〔註15〕 見於奚南薰〈駑馬十駕〉一文。

五、〈石鼓文〉

石刻之祖、秦國篆書之宗的石鼓文,是集詩、書、史、字等多元文化於一體的古物。自初唐(約627～649年)發現於天興縣(今陝西寶雞鳳翔縣)一帶。而石鼓文製作年代歷來說法不一,近年則較多認為是春秋晚期或戰國早期所刻的。

石鼓文承春秋秦國書風,為秦代頌功刻石小篆先聲,與西周金文相比較,顯得寬廣整齊,篆意明顯。其線質粗實遒勁、中宮緊收,加上行列整齊的方矩結體,顯得端莊凝重。元代潘迪《石鼓文音訓》拓片中提到:「其字畫高古,非秦漢以下所及,而習篆書者不可不知也。」康有為《廣藝舟雙楫》中讚譽石鼓文:「若石鼓文金細落地,芝草團雲,不煩整裁,自有其采,體稍方扁,統觀蟲籀,氣體相近,石鼓為中國第一古物,亦當書家第一法則也。」〔註16〕

而石鼓文向為藝林所重視,尤為書法家所推崇,是初習大篆書法的優良範本,如清末之書法家吳大澂、吳昌碩等人之篆書,莫不得力於此。先生習篆,石鼓文自是不可少,以未紀年(編號0017)與1970年(編號5502)所臨寫的石鼓文拓本(圖4-1-11)相較下,由以下表格做出分析。

圖	圖4-1-11(拓本)	編號0017	編號5502
內容	石鼓文汧殹篇。	石鼓文汧殹篇局部。	石鼓文汧殹篇局部。
線條	方中帶圓。	飽滿圓滑,較粗且無粗細變化。	渾勁婉揚,有粗細變化。
字型	字體多取長方形,較寬扁,結體參差錯落。	字體有略為拉長,結體平穩,無錯落感。	字體明顯細長,部分字的結體有錯落感。
備註	中權本		漏句「帛魚𩼧𩼱,其鯾氏鮮。」

左之拓本(圖4-1-11)文字結體有取縱勢而為長形,取橫式而為方或扁,以左低右高或左長右短的方式組合,所以造型活潑,參差錯落。而於橫豎折筆之處,圓中寓方,轉折處豎畫內收而下行時逐步向下舒展。用筆起止均為中鋒圓筆,圓融渾勁,古茂雄秀,冠絕古今。

奚南薰未紀年〈節臨石鼓文〉之作(編號0017)其字形有略為拉長,線條圓曲飽滿,如「君」、「子」、「帛」等字尤為明顯。而結體較無明顯錯落感,表現出平穩,如「殹」、「鰋」、「之」、「漁」、「散」等字。而此作收筆處亦與

〔註16〕康有為:《廣義舟雙楫疏證》(臺北,華正書局有限公司出版,1980年5月初版)第64頁。

前述二作（編號 0018）、（編號 0051）相同，「汧」、「殹」、「淵」、「鼆」、「處」、「君」、「游」、「走散」等字字尾，有明顯的破筆筆觸。

圖 4-1-11〈石鼓文〉汧殹篇（整理後）
出處：東京：株式會社二玄社〈中國書法選 2 周・
秦石鼓文／泰山刻石〉

編號 0017〈節臨石鼓文〉汧殹篇局部
出處：奚南薰先生紀年專輯，第 52 頁
參照書法圖錄第 221 頁。

編號 55021970〈節臨石鼓文〉汧殹篇局部
出處：林打敏老師提供
參照書法圖錄第 174 頁。

　　另外，奚南薰五十六歲所作〈節臨石鼓文〉（編號 5502），字體明顯拉長，
線條渾勁婉揚，筆勢流美，藏鋒用筆稍重，起筆與收尾處有明顯的粗細變化，
如「汧」、「殹」、「淖」、「淵」、「漁」的「水」部清楚可見。線條與線條之間的連
接處也特別「厚實」如，「皮」、「君」、「潢」、「游」、「走散」、「帛」等字。部分
字的結體有錯落感，如「汧」、「淖」、「淵」、「鯉」、「魚丙」、「魚旁」、「鮒」等字。

　　吳昌碩所臨之石鼓文則汲取小篆的特點「體勢加長」而不減其筆畫。由於臨寫的字體綜勢分明，因此豎向筆畫和和橫向筆畫就容易形成鮮明的長短對比，而豎向筆畫的延長，又更能明顯的表現其凝重而流動的筆意。〔註 17〕而吳昌碩早期的石鼓文風格較無晚期的渾厚雄勁，如左下圖爲吳昌碩四十八歲以石鼓文的字形所寫的〈篆書八言聯〉，及右下圖爲吳昌碩八十一歲所節臨的〈石鼓文〉相較下，其早年較爲忠實於石鼓拓本，以小篆用筆的成分較多，結體較整齊；而晚年其通篇字形的斜正，生動有變化，用筆則大篆筆意居多，展現出古樸蒼勁之藝術風格。由蘇友泉於〈吳昌碩生平及書法篆刻藝術之研究〉整理出吳昌碩四十六歲所臨〈天一閣本石鼓文〉和七十五歲爲陶菴所書〈石鼓文〉相較下更爲明顯（圖 4-4-12）。

吳昌碩四十八歲〈篆書八言聯〉
出處：西泠印社出版《日本藏吳昌碩金石書畫精選》，第 264 頁

吳昌碩八十一歲節臨〈石鼓文〉
出處：西泠印社出版《日本藏吳昌碩金石書畫精選》，第 331 頁

〔註17〕　蘇友泉：〈吳昌碩生平及書法篆刻藝術之研究〉（臺北：蕙風堂筆墨有限公司
　　　　　出版，1994 年 4 月）第 141 頁。

圖 4-4-12

出處：蕙風堂筆墨有限公司出版〈吳昌碩生平及書法篆刻藝術之研究〉第 143 頁

編號 0009	編號 5501	吳昌碩 48 歲	編號 0009	編號 5501	圖 4-4-12
結體錯落感			線條連接處		
起筆藏鋒用筆、線條粗細變化			字體密度		

由上表奚南薰兩件臨摹作品相較下，結體錯落感、起筆藏鋒用筆、線條粗細變化與連接處以及字體密度有極大差異，很顯然此二件為不同時期臨摹作品。而吳昌碩前期書石鼓文之風格結體較為整齊，無太大的錯落感，且用筆以小篆的方式居多，所以吳昌碩前期的石鼓文，是有影響到奚南薰臨習石鼓文之風格。

六、〈毛公鼎〉

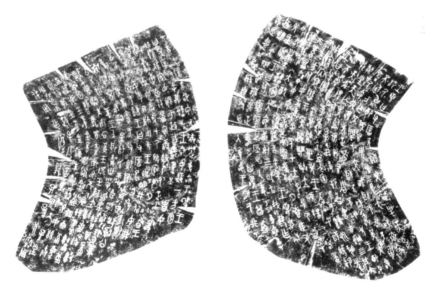

圖 4-1-13　〈毛公鼎〉出處：《中國書法選 1 甲骨文/金文》

　　〈毛公鼎〉（圖 4-4-13）爲西周晚期周宣王時代達到登峰造極之境的傑作，清道光末年出土於陝西岐山（今寶雞市岐山縣）。鼎高 53.8 公分，直徑 47.9公分。腹內鑄銘三十二行五百字，是舉世最長的銘文。現存臺北故宮博物院。

　　〈毛公鼎〉的筆畫與章法、字形、結體是相輔相成的，見於西周早期的肥筆基本上消失，字形不再像早期銘文那樣部件可以任意變換位置而是趨於規範，結構穩定經嚴。〔註 18〕有學者認爲，其用筆圓潤秀美，首尾如一，不露鋒芒之書法特點，是西周晚期之書法風格。〔註 19〕惟細審放大拓本，其線條實仍具輕重粗細變化，在章法上因筆畫的多寡，自然造成了字形大小的差別，但並不強調、誇張這種差別。刻意求工而不失靈動自然，氣勢磅礴而不狂怪怒張，就是〈毛公鼎〉的藝術魅力所在。

　　李瑞清於〈毛公鼎〉銘拓跋文說道：「〈毛公鼎〉爲周廟堂文字，其文則《尚書》也。學書不學〈毛公鼎〉，猶儒生不讀《尚書》也。」可見李瑞清對〈毛公鼎〉推崇備至。

　　奚南薰〈節臨毛公鼎〉未紀年的作品（編號 0001），筆法秀潤字形較無大小的差別，結構呈現左右對稱，線條空間佈白和諧，凸顯作品較爲嚴謹，如「若」、「不」、「顯」、「文」、「引」等字。而臨書的字形結體平整，無〈毛公鼎〉（圖 4-1-14）的左右歪斜，如「曰」、「皇」、「厭」等字。〈毛公鼎〉的用筆些許露鋒芒，但奚南薰此件的線條粗細趨於「首尾如一」，惟部分收尾處亦同出現破筆筆觸，如「天」、「久」，與前述三作（編號 0018、編號 0051、編號0017）的收筆如出一轍。

〔註 18〕 潭興萍：《中國書法用筆與篆隸研究》（臺北：文史學出版社，1999 年 8 月）第 112 頁。
〔註 19〕 劉洪洋：〈從《毛公鼎》看金文的臨摹與創作〉，《青少年書法》（河南：河南省美術出版社，2007 年）第二十二期，第 19 頁。

編號 0001〈節臨毛公鼎〉
出處：臺北《讀友畫刊》1965 年 3 月 29 日
參照書法圖錄第 205 頁。

圖 4-1-14〈毛公鼎〉（整理後）
出處：《中國書法選 1 甲骨文/金文》

七、〈驫羌鐘〉

圖 4-1-15〈驫羌鐘〉
出處：北京：文物出版社出版〈商周青銅器銘文選二〉

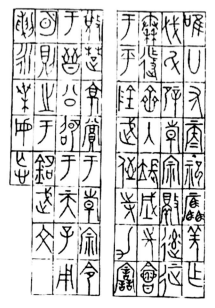

圖 4-1-16〈驫羌鐘〉
線搞出處：臺北：國立臺灣藝術教育館《認識書法藝術——篆書》第 49 頁

　　〈驫羌鐘〉為戰國早期三晉系韓國鑄銘金文，出土於洛陽金村東周墓葬，銘文記載了周威烈王二十二年，器主韓景於虔命驫羌率軍征伐齊國入長城的史實。

　　〈驫羌鐘〉拓本（圖 4-1-15）所見，銘文字形整飭修齊，規旋矩折，結體長方勻稱，筆畫圓轉、細勁，在猶存古調中展現精確洗練的文字構形巧思，逐字在同大長形方格中布陳〔註20〕。郭沫若曾謂之「規旋矩折，而逼近小篆。」

　　〈驫羌鐘〉現存拓本斑剝甚多，許多字跡無法清楚辨識，藉由〈驫羌鐘〉之摹本（圖 4-1-16）一同與奚南薰所作〈臨驫羌鐘〉（編號 0024）進行討論。

〔註20〕　林進忠：《認識書法藝術——篆書》（臺北：國立臺灣藝術教育館，1997 年）第 49 頁。

編號 0024〈臨虢羌鐘〉

出處：《奚南薰先生紀念專輯》第 58、59 頁

參照書法圖錄第 228 頁。

　　奚南薰所臨與摹本所見線條筆畫同為圓轉細勁，不露鋒芒。雖然先生之作並無長方形界格，但亦有界格般整飭修齊的效果。而字體結構上，奚氏臨書更為緊密，如「羌」、「作」、「率」、「征」、「會」、「于」等字。其轉折的角度較鐘銘更加圓曲且直畫有「上收下放」的呈現，如「虢」、「韓」、「宗」、「京」、「賞」等字清晰可見。

八、〈秦公簋〉

〈秦公簋〉（圖4-1-17、圖4-1-18）為春秋中前期秦國鑄銘金文，1923年出土於甘肅省天水縣西南鄉。此器銘文五十一字、蓋器銘五十四字，口徑20、最大腹徑26.8、殘高10.4公分。〔註21〕蓋之銘文結體端莊嚴謹，被視為春秋秦篆的代表性作品，用筆婉轉通暢，線條流暢、渾厚古樸，書法盡去呆板強直，但媚而不弱，外柔內剛，在微曲中求勁健。器之銘文章法較前緊湊，上下間距略小，由於銘文是以單字字模逐次壓印製成，故各字間隱見白文欄線，字體平實規整，用筆回鋒婉轉，線條粗細勻稱，為秦代篆書之先驅。

圖 4-1-17〈秦公簋〉（蓋銘）
出處：東京：株式會社二玄社《中國書法選1甲骨文/金文》

〔註21〕潭興萍：《中國書法用筆與篆隸研究》（臺北：文史學出版社，1999年8月）第103頁。

圖 4-1-18〈秦公簋〉（器銘）出處：東京：株式會社二玄社《中國書法選 1 甲骨文/金文》

圖 4-1-19 〈秦公簋〉（整理後）
出處：東京：株式會社二玄社《中國書法選
1 甲骨文/金文》

編號 0040〈節臨秦公簋〉
出處：《奚南薰先生紀年專輯》第 50 頁
參照書法圖錄第 244 頁。

　　從奚氏所作（編號 0040）與〈秦公簋〉蓋銘（圖 4-1-17）對照下，奚南薰的字形體勢依舊偏長，中鋒行筆，線條渾圓秀麗，彎曲的弧度拉長，如「胤」、「不」、「嚴」、「御」、「鼉」、「眉」、「壽」、「無」、「高」、「方」等字，更顯圓秀。結構嚴謹，左右平均分布，線條緊密，結字體勢顯得集中。

　　奚南薰於民國六十三年（1974）另作四屏〈臨秦公簋〉（編號 5903），所書內容包括蓋、器銘。與〈秦公簋〉器銘（圖 4-1-18）相較下，亦有外柔內剛，在微曲中求勁健之感，線條溫雅且清勁並帶有澀勁筆法，而起筆至收尾處由於運筆提按力量轉換使線條有略微粗細變化，這是前述〈節臨秦公簋〉之作（編號 0040）所未出現的表現方式。

編號 5903 臨〈秦公簋〉出處：出處：《奚南薰先生紀年專輯》第 38、39 頁
參照書法圖錄第 190 頁。

九、〈瑯琊臺刻石〉

圖 4-1-20　〈瑯琊臺刻石〉
出處：東京：株式會社二玄社《書跡名品叢刊》第一集秦　泰山石刻·瑯琊台刻石

　　〈瑯琊臺刻石〉（圖 4-1-20）秦始皇二十八年（西元前 219 年）秦始皇東巡登瑯琊，丞相李斯等頌秦德而立。〔註 22〕《地記》記載此「……。臺亦孤山也，然高顯出於眾山之上，高五里，下周二十餘里。山上壘石為臺，石形如磚，長八尺，廣四尺，滅，僅存從臣姓名及二世詔，原厚尺半……。」〈瑯琊臺刻石〉流傳至宋，字跡蝕石今尚存二世詔十三行約八十四字，餘均已毀滅無跡。今所存之拓本，有十三行本、十二行本、十一行本三種；拓本依時代先後而異，以清阮元精拓十三行本字數最多，計八十六字，文字已剝落模糊。此碑字形較泰山刻石長，筆畫亦較生動，其書法婉轉圓潤，嚴謹工整，亦為秦代頌功刻石典型之小篆字體。

〔註22〕吳福助：《秦始皇刻石考》（臺北市：文史哲出版，1994 年 7 月）第 31 頁。

圖4-1-21〈瑯琊臺刻石〉（整理後）

出處：東京：株式會社二玄社《書跡名品叢刊》第一集 秦 泰山石刻・瑯琊台刻石

編號：59021974年
〈節臨瑯琊臺刻石（之二世詔）〉
出處：《奚南薰先生紀年專輯》第74頁
參照書法圖錄第189頁。

編號：0034
〈節臨瑯琊臺刻石（之二世詔）〉
出處：林打敏老師
參照書法圖錄第238頁。

　　上圖二作均為奚南薰所書寫四體四連屏之一。置左者（編號5902），為編號5907四體聯屏其一作品，而於〈節臨書譜〉落款處有「甲寅新秋」之紀年，為民國六十三年（1974）之作。右圖之作（編號0034）則未紀年，推斷似為五十五歲後作。此二作之內文均為〈瑯琊臺刻石〉後段的秦二世詔文，左圖五十九歲之作（編號5902）在「而」、「不稱」、「久遠」、「為之」等四處之後，以及右圖之作（編號0034）在「號」字、「也」字之後，均有脫跳缺字，所寫內容亦多少有異，且兩件作品之「功」字寫法不同，似所臨版本不同所造成的差異。而線條均婉轉流暢，都為五十五歲後「橫粗下端直細」的線條及起筆處「逆入平放而順出」的風格，而右圖未紀年之作粗細變化更為明顯。

綜觀上述，奚南薰臨習古碑大都字數較多，可以一氣呵成。由於先生臨習古碑，尤注意精神意態，不管方筆亦或是圓筆，只用一種筆法，由先生於〈駑馬十駕〉一文所述，此目的是不想被古人所囿，用自己筆法成一個面目，所以往往臨習時會流露出自己的個性痕跡。但有汲取古碑之益，定會受到影響，尤以先生四十五歲之後，所臨習的〈瑯琊臺刻石〉、〈石鼓文〉等地秦石刻，及〈秦公簋〉、〈虘羌鐘〉等金文的流美筆勢與綿密結構最為相應，其中〈石鼓文〉更是影響甚遠。而先生曾說李陽冰〈城隍廟碑〉的線條如馬戲團走鋼索般，偶一臨之，但其後先生所自運的作品中，粗細勻稱且細勁的線條，還是有所吸收受到影響。

第三節　奚南薰與所學書家之比較

奚南薰於民國五十九年（1970 年），所撰〈駑馬十駕〉一文裡曾說：

> 一般人以為我專學鄧完白或吳讓之，其實我最先學嵩山兩石闕，次〈袁安碑〉、〈袁敞碑〉，後學〈石鼓文〉、〈天發神讖碑〉等。曾為人臨吳讓之書幾年，都是用我法，好像在抄書，一筆也不相讓。然而有一段時間，卻有些像讓之，這是在學漢碑額的時候，由於同源的關係。……十多年來專學漢篆，不脫鄧完白、吳讓之範疇，四十五歲以後，改學石鼓文、金文，用籀文法作小篆，又像楊沂孫。自嫌筆纖巧，稍加厚重整齊，又近吳大澂。〔註23〕

奚南薰習臨漢篆十多年來，欲在書法藝術上求變實在不易，由於「同源」，所有的路都被古人走過了，不其然而然會步入古人之腳步。本節以奚南薰於〈駑馬十駕〉一文中提及與鄧石如、吳讓之、楊沂孫及吳大澂書法藝術中哪些與奚氏書法「同源」，而造成書法藝術上的相似與不似之處。

一、鄧石如

鄧石如（1743～1805），原名琰，字石如，後避仁宗顒琰諱，以字行，更字頑伯，號完白山人、龍山樵長等。安徽懷寧（今安慶市）人。終生布衣，往來於徽歙淮揚之間。

〔註23〕 出自奚南薰〈駑馬十駕〉一文。資料來源：奚南薰：《奚南薰先生紀念專輯》（臺北：奚南薰先生紀念專輯編輯委員會，1987 年 3 月）第 90 頁。

　　鄧石如最初受父親的影響學習刻印並學寫篆書，後由梁巘介紹至江左望族梅鏐處學習八年，收藏甚豐，令鄧石如大開眼界〔註24〕。而以吳育《完白山人篆書雙鉤記》引鄧石如學書之自述：

> 余初以少溫為歸，久而審其利病，於是以〈國山石刻〉、〈天發神讖文〉、〈三公山碑〉作其氣，〈開母石闕〉致其樸，〈之罘二十八字〉端其神，〈石鼓文〉以畜其致，彝器款式以盡其變，漢人碑額以博其體，舉秦漢之際零碑斷碣，靡不悉究，閉戶數年，不敢是也。〔註25〕

包世臣於〈完白山人傳〉論述：

> 山人篆法以二李為宗，而縱橫闔辟之妙，則得之史籀，稍參隸意，殺鋒以取勁折，故字體微方，與秦漢當額文為尤近。〔註26〕

康有為在《廣藝舟雙楫》中讚譽：

> 完白山人盡收古今之長，而結胎成型。於漢篆為多，遂能上掩千古，下開白杞。〔註27〕

　　而趙之謙於〈鄧石如書司馬溫公家儀題記〉提及：「國朝人書以山人為第一，山人以隸書為第一；山人篆書筆筆從隸書出，其自謂不及少溫當在此，然此正自越少溫，善《易》者不言《易》，作詩必是詩，定知非詩人，皆一理。」〔註28〕鄧石如早年的篆書使用中鋒用筆，線條略細。中年取法於李陽冰的基礎上，不僅鄧石如的篆書突破「二李」對線條的工藝性要求而強調長鋒軟毫的自然書寫性，且以隸作篆，方圓結合，而對結字疏密性開創性的改革，有了計白當黑的虛實感應，復興篆書藝術，使篆書技法得到了新的發展〔註29〕，並對其後出現的大家如吳熙載、徐三庚、趙之謙、吳昌碩等人形成自身風格產生影響。又康有為譽之曰：「完白山人未出，天下以秦篆為不可作之書。自

〔註24〕　牟明明：〈鄧石如、趙之謙篆書藝術上的共性與個性〉，《書法鑑賞》（黑龍江省：黑龍江省書法活動中心，2010年）第十期，第60頁。

〔註25〕　穆孝天、許佳瓊編：《鄧石如研究資料》（上海：人民美術出版社，1988年1月）第327頁。

〔註26〕　包世臣〈完白山人傳〉，見於包世臣：《藝舟雙楫疏證》（臺北，華正書局有限公司出版，1985年2月初版）第149頁。

〔註27〕　康有為：《廣義舟雙楫疏證》（臺北，華正書局有限公司出版，1980年5月初版），頁69。

〔註28〕　穆孝天、許佳瓊編：《鄧石如研究資料》（上海：人民美術出版社，1988年1月）第310頁。

〔註29〕　王延旭：《淺談鄧石如的篆書風格在書法創作中的影響及應用》（沈陽師範大學美術研究所碩士論文，2012年3月15日）第1頁。

非好古之士，鮮或能之。完白山人既出之後，三尺豎僮，僅解操筆，皆能爲篆。」〔註30〕鄧石如以其精湛的篆書藝術，直接推動了篆書藝術在清代發展和普及，也在篆書上的引導之功，於上述可見一斑。

1955 年，奚南薰至上海蒐羅包世臣〈完白山人傳〉所述鄧完白所臨碑版，而先生定是從鄧完白一脈書風受直接影響。由鄧完白早期作品中，以二李書風的〈周易說卦傳篆書軸〉（圖4-3-1）來與 1975 年奚南薰〈笙歌，雲水〉（編號 6001）對聯來做比較。

由下圖可看出兩者之間的差異，如奚南薰篆字較長、線條極細如鐵線般剛硬，相對鄧石如此篆字較方正，線條雖變化不大，但不如奚氏線條如「走鋼索般」如此細勁，如「光」與「人」、「隊」與「陰」

圖 4-3-1 鄧石如
〈周易說卦傳篆書軸〉
出處：文物出版社《鄧石如書法編年圖目》第 2 頁。

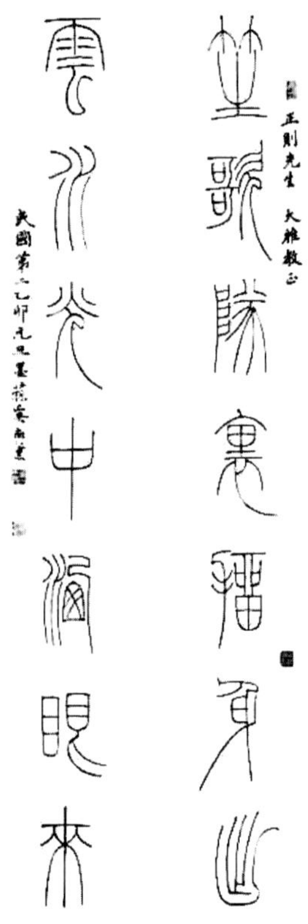

編號 6001
〈笙歌，雲水〉對聯
出處：《奚南薰先生紀念專輯》P43
參照書法圖錄第 195 頁。

字相比。再者鄧氏篆字下端呈現「外放」的方式，而奚氏無此舉，字體凝聚力強，如「窮」與「洒」、「雲」與「兩」字相對。

〔註30〕康有爲：《廣義舟雙楫疏證》（臺北，華正書局有限公司出版，1980 年 5 月初版），頁 69。

人	光	陰	隊
兩	洒	窮	雲
鄧石如	奚南薰	鄧石如	奚南薰

　　兩者同為「鐵線篆」的書風，與右圖李陽冰〈謙卦刻石〉纖細如線，剛勁如鐵的筆畫相較下，奚南薰之作更有此精韻。

李陽冰〈謙卦刻石〉（局部）
出處：武漢市古籍書店《唐李陽冰書謙卦刻石集聯拓本》

　　鄧石如 49 歲的〈篆書程夫子四箴屏〉與 62 歲作品〈篆書弟子職八屏〉（圖 4-3-2、4-3-3）最明顯特點，為其字起筆處逆入平放而順出，而奚南薰此作〈蔣公嘉言〉（編號 0028）起筆處與鄧氏如出一轍。此現象也影響奚氏後期之作〈篆書中堂〉（編號 5802），起筆重而下端輕放，提按更為明顯。

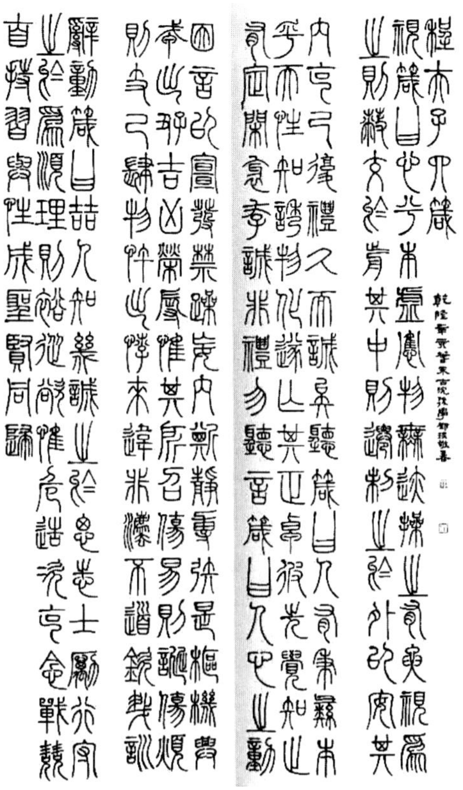

圖 4-3-2 鄧石如〈篆書程夫子四箴屏〉
出處：文物出版社《鄧石如書法編年圖目》
第 22、23 頁。

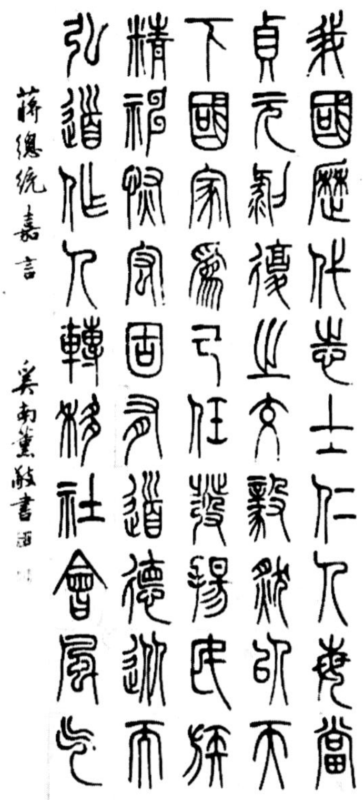

編號 0028 奚南薰〈蔣公嘉言〉
出處：林打敏老師。
參照書法圖錄第 232 頁。

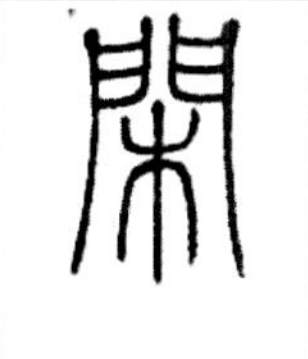 閑	 歸	 遂	 精	 民	 道
鄧石如			奚南薰		

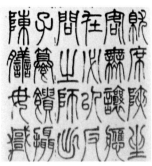

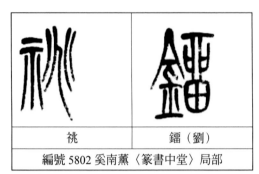

| 袿 | 鏐（劉） |

編號 5802 奚南薰〈篆書中堂〉局部

圖 4-3-3 鄧石如〈篆書弟子職八屏〉（局部）
出處：文物出版社《鄧石如書法編年圖目》第 236、237 頁。

　　奚南薰在篆書作品中，有些許篆字是與鄧石如所有相近處，較爲特殊的寫法，如下圖「須」字之比較。

| 奚南薰 | 鄧石如 | 說文 | 吳昌碩 | 楊沂孫 | 吳大澂 |

　　由此可見，奚南薰及鄧石如的「須」字是古寫法，與《說文》（卷九上，頁部。用爲必須的「須」）及清晚期金石學書法家所寫的「須」（本意爲「鬚」），其左半部「彡」下多了「立」（見《說文》卷十下，立部），是鄧石如獨有的特殊寫法。

| 瀟 |
| 奚南薰 |
| 巖 |
| 鄧石如 |

圖 4-3-4 鄧石如〈廬山草堂記〉
出處：文物出版社《鄧石如書法編年圖目》
第 220、221 頁。

編號 5901
奚南薰〈篆書條幅〉
參照書法圖錄第 188 頁。

鄧石如〈廬山草堂記〉（圖 4-3-4）的紙墨暈漲較爲強烈，以致產生有「字畫疏處可走馬，密處不使透風。」，此創建打破唐朝建立起來停勻和中和，進而影響後人對書畫結構布局等等認識。〔註 31〕奚南薰無鄧石如那樣「密處不使透風」，但字體布白平均密聚，其凝聚程度不亞於鄧氏。

由以上分析能了解奚南薰運用了鄧石如起筆運筆方式、特殊字體結構以及疏密的書寫美學，而使奚南薰篆字有些許鄧石如的特色所在。

二、吳讓之

吳熙載（1799～1870），原名廷颺，後以字行，改字讓之，亦作攘之，別署讓翁、晚學居士、方竹丈人等。江蘇儀徵人，而後他長期居住在揚州，善相人術。

吳讓之早年師法鄧石如弟子包世臣，得包氏指教，取得精隨，又綜合自己的學識，並在廣泛學習鄧石如的基礎上，自出機杼，風格獨具。再以碑帖爲師，取古法之長，尤對金石碑版，習臨用功甚深。據目前所知，吳讓之曾臨習過的秦漢碑有：〈史晨碑〉、〈張遷碑〉、〈曹全碑〉、〈禮器碑〉、〈夏承碑〉、〈靈臺碑〉、〈張遷表頌碑〉、〈婁壽碑〉、〈西狹頌〉、〈泰山刻石〉、〈鄭文公碑〉等。〔註 32〕

吳讓之深得鄧氏以隸書的筆法作篆書的奧訣，字法精熟，結體工穩，運筆爽暢，自出新意並加以強化，是皖派書家中弘揚和普及鄧石如篆書最卓著者，並認爲能繼承鄧氏衣缽〔註 33〕，但卻引起一些批評。康有爲曾云：「程蘅衫、吳讓之爲鄧之嫡傳，然無完白筆力，又無完白新理，眞若孟子門人，無任道統者矣。」〔註 34〕；馬宗霍：「篆體以長勢取姿，如臨風之草，阿靡無力。」〔註 35〕由上述可知，吳讓之的篆書結體圓轉修長，無鄧石如的方轉平正，筆畫的堅實沉重及力度上還不及鄧石如。

〔註31〕 張明明：《鄧石如書法藝術及其影響之研究》（佛光大學藝術研究所碩士論文，2007 年）第 91 頁。

〔註32〕 劉嘉成：《吳讓之書法篆刻研究》（國立臺灣藝術大學美術學院造形藝術研究所中國書畫組碩士論文，2006 年 6 月）第 99 頁。

〔註33〕 劉嘉成：《吳讓之書法篆刻研究》（國立臺灣藝術大學美術學院造形藝術研究所中國書畫組碩士論文，2006 年 6 月）第 99 頁。

〔註34〕 康有爲：《廣義舟雙楫疏證》（臺北，華正書局有限公司出版，1980 年 5 月初版）第 70 頁。

〔註35〕 馬宗霍：《書林藻鑑下卷第十二》（臺北：臺灣商務印書館發行，1965 年 12 月）第 436、437 頁。

　　而另一派讚揚吳讓之篆書爲趙之謙於〈臨嶧山刻石〉冊頁中云：「我朝篆書以鄧頑伯爲第一，頑伯後近人惟揚州吳熙載及吾友績谿胡荄甫。」〔註36〕沙孟海認爲：「篆書純用鄧法，揮毫落筆，舒卷自如，雖剛健少遜，而偏翻多姿，有他的新面目。」〔註37〕吳讓之圓潤流美的小篆爲時人器重，其字法精熟，結體工穩，運筆爽暢，而弧形筆畫在篆書中占了絕大部分，在形態上也多姿多彩，各呈其妙。帶有隸書筆意的轉折，接筆的獨特處理及墨法豐富，強烈的表現筆鋒，這是吳讓之小篆的主要特徵。〔註38〕

　　奚南薰於〈駑馬十駕〉一文提及他認爲吳讓之篆書軟弱無力，但也曾臨過幾本吳讓之書帖，都是「自用我法」，但綜觀奚南薰篆書作品，實受吳氏書風極深。以下以吳讓之與奚南薰作品比較，列舉出相似與不似之處。

圖 4-3-5 吳讓之〈心情，天地〉篆書對聯
出處：文物出版社《中國古代書畫圖目》十一冊，第 21 頁。

編號 5201
出處：《奚南薰先生紀念專輯》第 53 頁。
參照書法圖錄第 169 頁。

〔註36〕岩出貞夫編：《趙之謙——覆刻悲盦賸墨》（東京東京堂出版，1982 年 1 月），103～108 頁。

〔註37〕沙孟海：《印學史》轉引劉嘉成撰《吳讓之書法篆刻研究》第 106 頁。

〔註38〕楊雪：〈圓潤流美，舒展飄逸——吳讓之及其書法篆刻藝術〉，《文學界》（湖南：湖南省作家協會，2012 年）第十二期，第 289 頁。

　　吳讓之對聯（圖4-3-5）內文為「心情雜念麈之出，天地清光晝不來。」
與奚南薰作品（編號 5201）書風都沿襲「玉箸篆」的寫法，線條粗細變化不
大。而劉熙載於《書概》云：「結字疏密必須彼此相互乘除，故疏不嫌疏，密不
嫌密也。然乘除不惟於疏密之用。」〔註39〕於奚南薰之作（編號5201）也遵循
此字體結構，且更為緊密，但講究密處不相犯，疏處不相離，疏離間和諧其節
奏。如左下圖以吳氏之「麈」與奚氏之「秋」、「潭」二字對照下清晰可見。

麈	秋	潭	清	清
吳讓之	奚南薰		吳讓之	奚南薰

　　奚南薰篆字中宮位置較高，如左上圖「清」字，而與吳讓之所書「清」
字相較下，前者字體下半部無後者外擴，字體更凝聚一起。

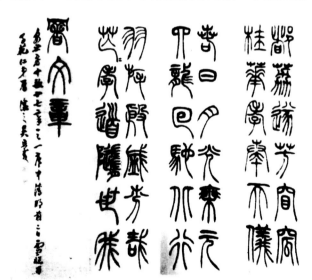

圖4-3-6 吳讓之〈篆書安世房中歌十七章之一〉
出處：《書法叢刊》1999年第三期，第94頁。

編號：5905
出處：《奚南薰先生紀念專輯》
第22頁。
參照書法圖錄第192頁。

〔註39〕陶明君：《中國書論辭典》（湖南，湖南美術出版社出版，2001 年 10 月）第
　　　 65 頁

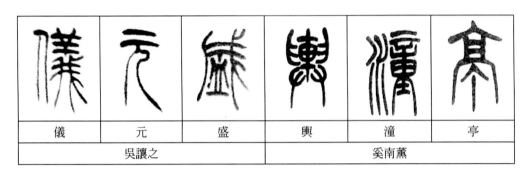

儀	元	盛	興	潼	亭
吳讓之			奚南薰		

　　吳讓之此四聯屏（圖4-3-6）最大特色在於線條「橫粗直細」的特點〔註40〕，而奚南薰篆字線條亦爲此表現手法，尤「直細」偏重於字體下半部，下端輕放。此爲影響奚南薰55歲後期篆書風格。

　　奚南薰此作（編號0042）筆筆中鋒，線條提按變化與吳讓之〈篆書安世房中歌十七章之一〉（圖4-3-6）相似，由圖4-3-7、圖4-3-8可見兩者書寫直線或曲線時，利用手與筆力量之間的轉換，造成線性上的粗細變化。而其篆字的轉折與此二件亦有相同處，由於清中期以前的篆書多用轉法，至鄧石如折法開始引入篆書，也正是他的篆從隸出的體現。轉法和折法往往用於一處，使轉折處多呈現外方內圓之狀，吳讓之繼承了這一方法，於轉折之間書寫時的筆勢至轉處頓，隨即用腕內轉，稍提後力行。

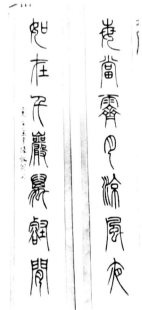

編號：0042
出處：林打敏老師。
參照書法圖錄第246頁。

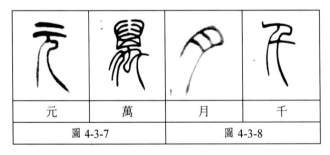

元	萬	月	千
圖 4-3-7		圖 4-3-8	

〔註40〕 劉嘉成：《吳讓之書法篆刻研究》（國立臺灣藝術大學美術學院造形藝術研究所中國書畫組碩士論文，2006年6月）第115頁。

　　奚南薰篆字「白」，與吳
讓之〈唐宋詩〉所寫「白」字，
結構相當，如右圖。此「白」
篆字結體造型已成奚南薰其他
作品的一貫寫法。

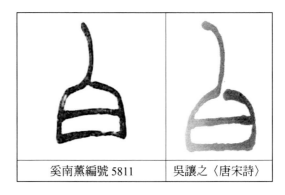

| 奚南薰編號 5811 | 吳讓之〈唐宋詩〉 |

　　吳讓之與奚南薰都曾寫過〈梁吳均與朱元思書〉四條篆書聯屏（圖 4-3-9、
編號 5001），但兩件作品風格不盡相同，雖同為狹長型的篆字，但奚南薰更為
瘦窄，且此件為奚氏前期（五十歲）之作，線條勻稱平均，無吳氏「上橫粗，
下直輕細」的字體結構線條，其部分字體寫法不同，如「流」、「百」、「碧」、
「游」、「則」、「囀」、「在」等字。且因書寫的版本不同，其內文部分字有差
異，如「高」與「嘉」、「均」與「韻」、「成」與「窮」、「畏」與「猶」等字。
而接筆是篆書所獨有且常用的一種手法。在轉折法不能勝任的情況下，只能
用接筆來完善結構。在此二件帶框的結構中，為了不使空間堵塞，裡面的筆
劃往往採用起筆實連收筆留空的處理方法，顯得空靈生動。吳讓之在篆書弧
形筆劃行筆時，筆鋒宜正，聚毫中鋒，如錐劃沙，線條因顯勁挺有力。而奚
南薰亦同為中鋒行筆，但無吳氏筆鋒略微扁側，以求嫵媚的姿態。

　　由上述可知奚南薰篆書風格吸取吳讓之篆書「密處不相犯，疏處不相離」
的疏密論，後期汲取吳氏「上橫粗，下直輕細」的字體結構，與提按輕重的
變化，以及吳讓之特殊「白」字寫法。而吳讓之篆書具有靈動典雅似乎過之，
頗具嫵媚優雅之趣；而奚南薰篆書卻無嫵媚的姿態，反而有凝重雅致的古雅
之感。

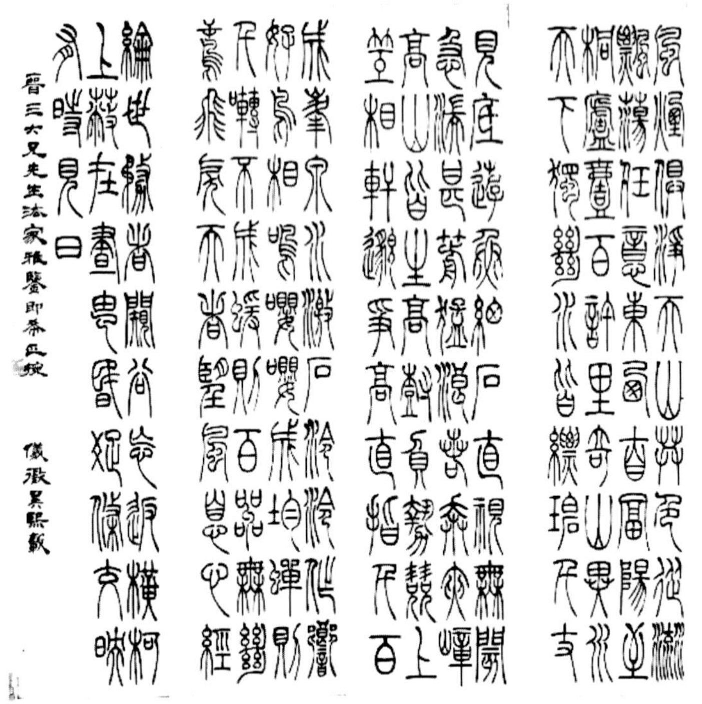

圖4-3-9 吳讓之〈梁吳均與朱元思書〉
出處：二玄社《書跡名品叢刊》第一〇三回配本，第3、4頁。

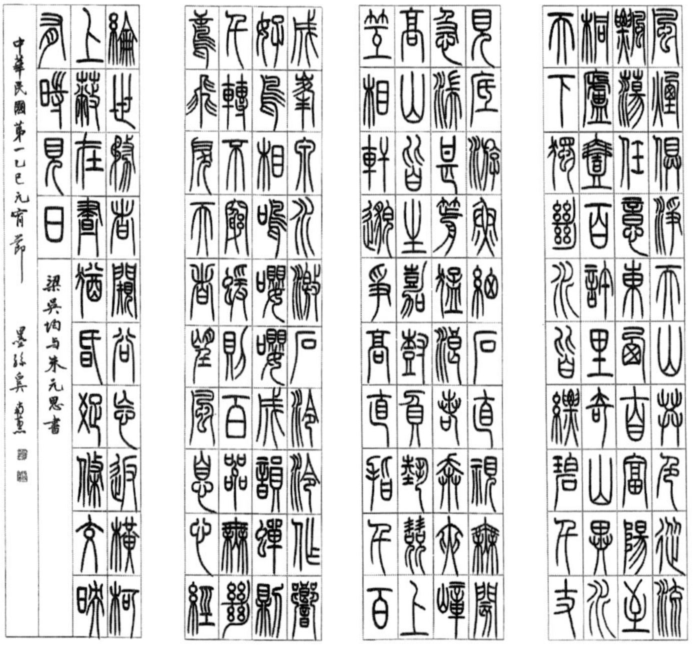

編號5001 奚南薰〈梁吳均與朱元思書〉
出處：《中華書道書帖選集（二）》第6、7頁。參照書法圖錄第166頁。

三、楊沂孫

　　楊沂孫（1812～1881），字泳春，晚號濠叟，江蘇常熟人。著有篆學與文字學爲《文字解說問僞》，欲補苴段玉裁、王筠所未備，及《完白山人傳》、《石鼓贊》、《印印》四卷。又考上古史籀、李斯，折衷於許愼，作《在昔篇》、《說文解字敘》。

　　楊定襄於《楊沂孫臨景君碑》中，爲其曾祖父楊沂孫寫下的跋文：「先曾祖嘗自言：「吾察吾書，篆籀當頡頏山民，得意時閒亦過之，隸書不能及也。」故傳於世者，二篆最多。」〔註41〕

　　楊沂孫的篆書風格是在深入研究鄧石如的基礎上，借鑑〈石鼓文〉與金文的結字特點而形成的，用筆渾厚飽滿，結字較方正，點畫較前期也稍有錯落，從而形成了代表其審美特徵的篆書風格。〔註42〕楊沂孫創造性的融合，獲得許多論家的肯定與讚許，如徐珂《清稗類抄》謂：「濠叟工篆書，於大小二篆融會貫通，自成一家。」〔註43〕

　　楊沂孫對金文、〈石鼓文〉下過很深的功夫，將其融於小篆，稍減小篆的圓轉用筆而以平直爲主，將小篆的長形結體變爲近於方形，有些字甚至呈扁方，每一個字的字形往往又多作上方下圓、外方內圓的處理，並出現明顯的橫折之筆，一反當時流行鄧派篆書的流美婉麗，使字形更加端嚴整飭。〔註44〕而馬宗霍曾這樣評論楊沂孫：「濠叟功力甚勤，規矩亦備，所乏者韻耳。蓋韻非學所能致也。」〔註45〕

　　楊沂孫對金文的借鑑上顯示了他的慧心獨到之處，與其大多數的書家直接取用金文字法結構的不同。爲此是融合商周金文的古樸靜穆、端嚴整飭的整體風貌，其樸厚閑靜，不飾浮華的氣息充盈其間。這種有意識的篆籀相容與化圓爲方，改變了小篆一任婉轉流暢的用筆方式，體現出對古意的追尋。〔註46〕

〔註41〕　羅勇來：〈楊沂孫與清代篆書〉，《書畫藝術》（江蘇無錫文化藝術學校，2005年）第三期，第51頁。

〔註42〕　胡泊：《清代碑學的興起與發展──一個「范氏」轉換的研究》（海南省：南方出版社，2009年6月）第111頁。

〔註43〕　馬宗霍：《書林藻鑑下卷第十二》（臺北：臺灣商務印書館發行，1965年12月）第437頁。

〔註44〕　羅勇來：〈楊沂孫與清代篆書〉，《書畫藝術》（江蘇無錫文化藝術學校，2005年）第三期，第51頁。

〔註45〕　馬宗霍：《書林藻鑑下卷第十二》（臺北：臺灣商務印書館發行，1965年12月）第437頁。

〔註46〕　樸生：〈融匯古今成一統端嚴中正意醇和──楊沂孫篆書四條屏賞讀〉《東方藝術》（河南省藝術研究院，2011年）第二十四期，第112、113頁。

而〈龐公傳〉（圖 4-3-10）在自我風格的運用上已臻致境，且通篇規整有致，沖淡醇和，用筆上石鼓遺意尚存，而多參以自家筆意，圓厚與斬截並用，氣骨上更為強健。在字體結構上，已達到方整的極致，顯得極其端嚴、中合和謹嚴。在字體空間分布上，上緊下鬆，內斂外放之法，疏朗開闊，氣局宏大。

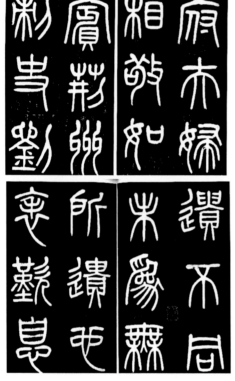

圖 4-3-10 楊沂孫〈龐公篆〉（局部）
出處：二玄社：《書跡名品叢刊》

編號 6002 奚南薰〈禮運大同節〉
出處：《奚南薰紀念專輯》第 14 頁。
參照書法圖錄第 196 頁。

婦	為	息	歸	為	惡
楊沂孫			奚南薰		

　　奚南薰所作〈禮運大同節〉（編號 6002）字體較無其他篆書作品流長，與楊沂孫〈龐公篆〉相較下（上圖）以偏方型的字體結構較爲相像。楊沂孫的空間布白疏朗，筆畫線條末端會微微向外延展，而奚南薰字體布白一貫呈現平均密聚的手法，如上圖楊沂孫之「婦」字、奚南薰之「歸」字。但圓中帶方的筆法，兩人皆具，同帶有〈石鼓文〉之圓厚用筆。

四、吳大澂

　　吳大澂（1835～1902 年）字止敬、清卿，號恒軒、白雲山樵、愙齋。江蘇吳縣（今蘇州人）。四十二歲以得周代青銅器愙鼎，遂號愙齋。吳大澂撰寫了《說文古籀補》一書，成爲古文字學的重要著作，而《甲骨文編》、《金文編》都是受其啓發而輯錄的。至今天，編寫古文字工具書仍脫不開他創用的模式。〔註47〕

　　吳大澂首先師從陳奐（字碩甫）習篆，由鄧石如入手，上溯二李，中年後好吉金參以古籀，以清勁之筆一洗完白山人之習氣〔註 48〕；而自從吳氏第二次西北之行後篆書風格有了明顯變化〔註 49〕，特別是他對金文書法的實踐，更是爲後人學習篆書和金文開闢了新的創作風格，其篆書〈論語〉（圖4-3-11）之作即爲代表。他取法小篆長方結體，豎筆直下，不作圓轉彎曲處理，折筆往往規角方硬，中鋒行筆來寫金文，把金文的質直凝重融合於小篆。〔註50〕吳氏不同於楊沂孫之篆書，其小篆體勢縱長爲方形，方折與圓轉並用，延承著小篆的淳和靜穆、溫文爾雅。

　　由於吳大澂長期潛心于鼎彝銘文研究，深於小學，因而用筆法度嚴謹，又能在熟練的法度之中獲得自由。所以書學界對於吳大澂的金文篆書，卻有兩種完全不同的評價。觀滄居士王潛剛論吳大澂篆書曰：

> 「論清人之書，在何子貞後得一人。吳大微其人政績不足道，然精
> 鑒賞，富收藏，以數十年之精力習大篆，又精研六書，集古代之金
> 文而以小篆字勢變化之，遂可與鄧完白、錢十蘭之外獨樹一幟。用

〔註47〕憫生：〈考據精嚴筆札渾古──古文字學家書法家吳大澂述略〉，《青少年書法》（河南省美術出版社，2005 年）第五期，第 8 頁。

〔註48〕位素娟：〈陝師大館藏吳大澂《篆書七言聯考》〉，《美術導向》（北京：中國美術出版總社，2011 年）第二期，第 81 頁。

〔註49〕李軍、朱恪勤：〈金石學家吳大澂的西北之行〉，《收藏》（陝西省文史館，2012年）第十七期，第 45 頁。

〔註50〕胡泊：《清代碑學的興起與發展──一個「范氏」轉換的研究》，（海南省：南方出版社，2009 年 6 月）第 111 頁。

筆用墨皆精當，其書小至一二分，大至榜書，無不精妙，實為篆書
一大家。有楊沂孫、吳俊卿，皆有極深功力，二人皆不如大澂之能
追險絕於平正之後，寓神明於規矩之中也。」〔註51〕

而馬宗霍《霎岳樓筆談》則完全持批評態度，云：

「愙齋好集古，所得最多，手自摹拓。而下筆卻無一毫古意，篆書
整齊如運算元，絕不足觀。」〔註52〕

圖 4-3-11 吳大澂〈論語〉（局部） 圖 4-3-12 吳大澂〈李公廟碑〉（局部）
出處：《清吳大澂篆書論語》 出處：《篆隸名品選 6》

親	而	有	者	親	而	有	者
吳大澂				奚南薰編號 6001（局部）			

以吳大澂此作（圖 4-3-12）來與奚南薰〈禮運大同節〉（編號 6001）相較
下，吳大澂較無圓轉曲線，轉角處常常呈現「方角」的折筆，如「親」、「而」

〔註51〕 羅勇來：〈吳大澂的金石學研究與篆書〉，《書畫藝術》（江蘇無錫文化藝術學
校，2007 年）第五期，第 41 頁。
〔註52〕 馬宗霍：《書林藻鑑下卷第十二》（臺北：臺灣商務印書館發行，1965 年 12
月）第 442 頁。

字。而吳大澂部分字體往往會有「頭重腳輕」之感，如「有」、「者」字。

綜觀上述，鄧石如習篆過程，與奚南薰臨習之篆書同為一路，再由其後追隨鄧完白之清代大家的一脈書風的傳承，必會受其影響，而奚南薰亦為其一。這就奚南薰所說「同源」的關係，而後奚南薰自運作品吸收眾家所長，而開闢自家書風，其書法藝術的成就，更是有目共睹。

第四節　奚南薰自運篆書作品分析

本節以奚南薰於四十四歲（1959 年）至六十一歲（1976 年）的自運篆書作品來進行分析，再進一步探討奚南薰此十三年的篆書風格與變化差異。且於本章第一節已推論出奚南薰未紀年作品年代，分別為先生四十四至五十四歲的前期，與五十五至六十歲的後期，而五十五歲左右是前後期篆書風格較有明顯的變化時間點，最後整理出奚南薰書篆的個人習慣。

一、代表篆書

（一）奚南薰 1996 年贈成惕軒先生，藏山閣名句〈萬劫，一樓〉（編號 5101）篆書對聯。參照書法圖錄第 168 頁。

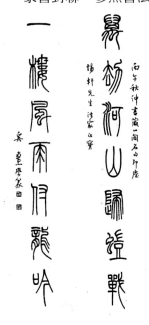

左圖整體作品看似嚴謹平正，但上下聯相對字有些許相對之處，如作品「劫」、「樓」之歪斜對於平正，「河」、「風」之字體結構有無錯落，「山」、「雨」之圓方相對，「歸」、「付」之布白疏密差異，這些對稱差異，使上下兩連相互呼應，更有變化。

此聯贈予成惕軒，成先生名輩甚高，官位甚尊，公職之餘，以作育英才為樂著有《楚望樓詩》、《藏山閣詩》等。他的才情與品德並茂，王愷和、謝宗安、王壯為、李猷等書法名家，皆曾讚美成先生書法具有君子之風的特質。〔註53〕

〔註53〕陳慶煌：〈楚望樓書法所展現的君子之風〉，《臺灣書法國際學術研討會》（臺北：淡江大學出版，2003 年 3 月 14 日）第 4 頁。

（二）　奚南薰 1968 年贈張壽賢先生，東坡集句〈臺閣，銀鈎〉篆書對聯（編號 5301）。

編號 5301
參照書法圖錄第 170 頁。

圖 4--11983 年張壽賢〈雲開、月上〉
篆書對聯資料來源：敦煌畫廊

　　奚南薰此聯（編號 5301）依款文可得知張壽賢擅書小篆，謂「筆勢遒麗似吳讓之，肅穆抑又過之。」由 1983 年張壽賢〈雲開、月上〉篆書對聯（圖 4-2-3）可見其結體嚴謹，筆筆送到，而其款字則揉顏字、北碑於一，偶現清人意趣，亦有可觀。若與奚南薰之作相比，奚氏結體布白均勻，對稱趨近等距，如左圖之「閣」、「林」字，與右圖之「開」、「林」字相較下清楚可見。而張氏用筆有提按，線條有明顯粗細，反之，奚氏線條頭尾一致。

（三）奚南薰 1969 年贈王北岳〈一笛，十年〉（編號 5402）篆書對聯。參照書法圖錄第 172 頁。

先生此作一貫「逆入平出」的中鋒用筆，帶有明顯澀勁之感，轉折處外方內圓，些許起筆處以切筆法下筆，使作品線條出現不同的變化，如「橫」、「犢」、「春」字。作品下聯之「雨」字點畫，與先生其他作品中所寫的「雨」字大不相同。而邊跋洋洋灑灑行書款文爲此作的背後的故事。

其款文爲：「北岳兄專攻園藝，欲製一閒印。兆申拈東坡『十年春雨養舟龍』句，屬堪白刻之。北岳故多舟，堪白乃將末二字顛倒，「舟龍」作「籠舟」以戲之。兆申且繫之以詩語妙天下。愚謂，北岳本學農，蓋去騎牛橫簑其愈於（勞形）案牘也遠矣，因爲上聯以博一笑。己酉端午後一日，墨孫弟奚南薰。」

由款文可知，此爲書印界一段遊藝輔仁，是一件兼具文獻史料價值的精妙之作。

（四）1970 年篆書冊頁（編號 5501）。參照書法圖錄第 173 頁。

編號 5803

　　於 1982 年 12 月，由書藝出版社、師大美術社，爲奚南薰 55 歲（1970 年）榮獲教育部文藝獎作品（編號 5501）而發行的《奚南薰篆書冊》，並節錄 1973 年先生所作〈文心雕龍原道〉冊頁（編號 5803）於後。此兩件書法結體布白、線條變化相似，都同爲當時評審委員所說：「筆力內涵，遒勁有力。」〔註54〕

　　此二件內文重複出現「之」字，但寫法不盡相同。而先生會在作品中，選擇少數字以籀文寫法呈現，是爲了增添趣味性，或是與同樣字作區別，如編號 5501 的「測」字及編號 5803 的「則」字。其兩件作品中之「故」字偏旁「攵」上方的折曲與普遍小篆寫法不同，爲奚南薰特殊的用法。

　　在林打敏向奚南薰請益篆書書寫之方法，以先生五十五歲得獎作品爲例：若寫「霞」上下組合之字，頭宜大，才能容下下面的字；「通」左右組合之字，兩邊需要注意大小；認爲「測」字「水」字旁太長，中間「貝」可縮減爲一個；「而」字，肩宜寬；「境」字，須注意左邊「土」部，不宜太長；「文」字之上方轉折以「折」比方式表現等等……。〔註55〕

露	通	測	而	境	文

〔註54〕 鍾克豪：〈篆法大家奚南薰〉，《藝文誌》（臺北，藝文誌社，1975 年 3 月）第一一四期，第 58 頁。

〔註55〕 林打敏提供。

（五）奚南薰 1973 年書〈于髯翁　（六）　奚南薰 1975 年贈正則先生,〈笙歌,
　　書王陸一先生墓誌〉題　　　　　雲水〉篆書對聯。（編號 6001）參照
　　簽。（編號 5809）　　　　　　　書法圖錄第 195 頁。
　　參照書法圖錄第 185 頁。

　　左圖（編號 5809）篆字帶有漢碑額特色,結體茂密,體方勢圓,少了《說文》小篆專尚圓轉妍媚之狀,更顯莊重之感。用筆提按隨字體筆畫多寡來調整輕重,而此為小字題簽,以低執筆來書寫,再加上寫橫筆畫因手腕的習慣,出現橫畫較多角度起伏。

　　右圖（編號 6001）線條纖細如線,剛勁如鐵,勁氣十足,有李陽冰〈謙卦刻石〉「鐵線篆」的精韻。而與本章第二節所探討先生〈節臨城隍廟碑〉（編號 0004）相較下,此作線條更極細瘦,「下疏」的比重較高,但字體結構窄,線條之間的布白緊密,反而結體不會感到疏鬆。奚南薰喜好以替代字來凸顯作品文字體勢的變化度,其上聯「搯」字原為《說文解字》中「抽」字的籀文。〔註56〕

〔註56〕　註：杜忠誥提出此上聯「正則先生大雅教正」八字並非由奚南薰所寫,與下款的筆調、氣格與神情完全不符,杜斷定此為他人代為捉刀補題。杜忠誥、盧廷清:《台灣藝術經典大系》（臺北:藝術家出版社 2006 年 4 月）第 140 頁。

（七）奚南薰 1976 年所作〈南朝梁孔稚珪北山移文〉篆書四屏。（編號 6101）
　　　參照書法圖錄第 199 頁。

奚南薰作南北朝孔稚珪〈北山移文〉篆書四屏（編號
6101）為奚南薰逝世當年所寫的作品，其款文寫：「余篆出
於漢碑額，每嫌婉麗，此屏融合石鼓、開母為之，稍見厚重。
墨蓀奚南薰客台北二十三年矣。」此作篆法方圓茂滿，其內
文出現三次「之」字、兩次「於」字，先生亦然以不同寫法
來呈現。而第二屏「千」字起筆處刻意突起，實為特殊。第
三屏缺「不」字，應為「芥千金而不盼」。「屣萬乘其不如脫」
之「不」字應為奚南薰後補「芥千金而不盼」之「不」字。
又倒數第二字「迻」，通「移」，清人寫篆時常用。

　　在蒐集與彙整奚南薰作品圖錄時發現一件刊登於 2013 年 4 月《書法教育》
第 192 期的未紀年篆書對聯（編號 0003），其上下兩聯字體結構、用筆線條、
空間布白等，皆與先生規整嚴謹、溫潤古雅的篆書風格大相逕庭。若由單字
與奚南薰前期和晚期的字體對造下可明顯看出差異，如「雲」和「雨」字下
擺尾端處，編號 0003 有先向內縮再外挑之感，而編號 0003「峯」字較為寬扁，
無奚氏較為窄長。而「造」之「辶」部，奚南薰於兩時期都以同樣面貌呈現。
再者由兩者款文來對造，其線條的質感及筆意的流暢，猶如出自不同之手，
對於此件作品的真偽疑慮，抱持「疑偽」的看法。

編號 5101

編號 0003。參照書法圖錄第 207 頁。　　　　　編號 0003　　編號 5401

0003 雲	5602 雲	6004 雲	0003 雨	5002 雨	5901 雨
0003 峯	5001 峯	5901 蓬	0003 造	5002 遠	6004 近

二、篆書風格與變化差異

　　奚南薰於四十八歲（1963 年）至六十一歲（1976 年）十三年的篆書作品，個人風格已趨成型，整體上較無太大的轉變，但於先生五十五歲左右是前、後期的分界點，其線條有些許差異，如下：

　　由奚南薰前期作品（編號 5201）與後期作品（編號 5905）相較下可發現兩者篆字結體的中宮節點高度、線條變化，有些許改變。兩者字體結構相似，但前期中宮特顯爲高，如「聞」字與後期「聞」字。而前期線條一貫細勁，而後期起筆處逆入平放而順出的漲墨效果明顯，且「橫粗直細」的變化線條，使下端輕放尤爲明顯，如「潭」與「潼」字之比較。其餘前期作品編號 5101、0002、0012 與後期作品編號 5501、5802、5808、5811、5901、5906、0020、0023、0027、0028、0029、0033、0034、0044、0048 都有前後期所具有的特色。

前期		後期	

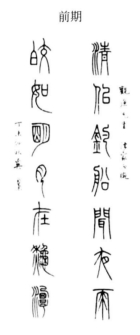

編號 5201〈清似，皓如〉對聯　　　　　編號 5905〈篆書中堂〉
參照書法圖錄第 169 頁。　　　　　　　參照書法圖錄第 192 頁。

聞	潭	聞	潼
編號 5201（前期）		編號 5905（後期）	

　　前、後期作品風格除節點高度不同與線條變化有些微差異，其他篆書風格大致相同，前、後期共有的特色爲：

（一）結體瘦長，疏密勻稱

　　清包世臣《藝舟雙楫》云：「凡字無論疏密斜正，必有精神挽結之處，是爲字之中宮。」〔註57〕奚南薰所寫的篆字一貫瘦勁飄逸，精神聚結點較高，雖瘦長但筆畫間的布白卻不鬆散，因其筆畫緊結、線條的密聚，使字顯得繁複、奇崛、緊密。再清代黃自元《結構九十二法》云：「縝密者，需宜布置安排而嫌雜染。」〔註58〕奚南薰篆字結構縝密，必有精心分間布白，能調勻點畫，密不相犯，使作品無雜亂之感。且奚南薰所寫之篆書橫長比例爲二比三，是他寫篆的慣性。〔註59〕

劫	銜	驚	鸞	濤	浸
5101	0048	5601	0012	6004	0046

（二）方圓並用

　　從奚南薰的作品中可發現出方圓用筆之法，清代陳介祺《簠齋尺牘》云：「古人作字，其方圓平直之法必先得於心手，合乎規矩，唯變所適，無非法者，是以或左或右，或伸或縮，無不筆筆卓立，各不相亂，字字相錯，各不相妨，行行不排比，而莫不自如，全神相應。」〔註60〕康有爲《廣藝舟雙楫》云：「妙處在方圓並用，不方不圓，亦圓亦方，或體方而用圓，或用方而體圓，或筆方而章法圓，神而明知，存乎其人矣。」〔註61〕由於先生臨習古代碑帖

〔註57〕 包世臣：《藝舟雙楫疏證》（臺北，華正書局有限公司出版，1985年2月初版）第26頁。

〔註58〕 陶明君：《中國書論辭典》（湖南，湖南美術出版社出版，2001年10月）第66頁。

〔註59〕 林打敏老師提供。

〔註60〕 陶明君：《中國書論辭典》（湖南，湖南美術出版社出版，2001年10月）第41頁。

〔註61〕 康有爲：《廣義舟雙楫疏證》（臺北，華正書局有限公司出版，1980年5月初版）第196頁。

隨年增進，筆法得心應手，悟出方筆圓筆互相可以相互爲用，不必作意爲方為圓。先生篆字方圓並用，不方不圓，亦圓亦方，體方而用圓，或用圓而體方，並且把握方與圓的對立統一，求取書法的風神情治。且筆圓而不媚，筆方而不剛，方圓融合，實爲美善。

疏	有	絲	萬	慇	回
5901	6002	6003	0016	0019	0020

（三）線條力圓則潤，勢疾則澀

奚南薰寫篆書筆筆中鋒，以逆入平出的方式書寫，善運中鋒，能沉勁入骨，而筆勢流轉，則圓潤有力。而先生筆力遒勁、速度緩，毛筆與紙面摩擦下，使點畫中富有澀感。先生作品有的通篇極潤，有的通篇極澀，有的潤澀交互使用，應爲書寫工具的因素而導致潤澀的效果產生。

通篇極潤　　　　　　　　　　　　　　　通篇極澀

編號 5905。參照書法圖錄第 192 頁。　　　編號 0029。參照書法圖錄第 233 頁。

潤澀交互使用

編號 5402。參照書法圖錄第 172 頁。　　　編號 5802。參照書法圖錄第 178 頁。

三、奚南薰書篆習慣

　　由以上作品可發現奚南薰有個人寫篆習慣，如特殊寫法（表 4-4-1）、小篆作品參雜古籀文字（表 4-4-2）、假借字或古今字使用（表 4-4-3）、作品中重複字寫法不同（表 4-4-4）、慣用寫法（表 4-4-5）。

表 4-4-1　特殊寫法

千	秀	壽	老
5401、5601、6101、0033、0042。	5301	5401、0022	5801

孝	驚	敷	敬
5807、6002、0043	5601	5602	5802、5811
激	故	放	日（古文）
5803	5804、6002、0002	5805、0002	5602、5801、5808、5901、6003、0048、0049
曉	魯	時	昭
5801	5807	5806、0031、0027	0029

　　奚南薰所寫「千」字起筆處點畫極爲明顯，在多處作品可見，但編號0047「千」字無此點畫。「秀」、「壽」、「孝」、「老」字上半部特殊垂線寫法，實爲罕見。「驚」、「敷」、「敬」、「故」、「放」字其「攴」多出彎折之筆。其「日」字常寫成方正之相，而「曉」、「魯」、「時」、「昭」字之「日」中間爲折曲橫線，採用《說文》「日」字古文之寫法。

表 4-4-2　小篆作品參雜籀文或古文

脈	則	測	是
5802	5001、5804	5501、0050	5903、6002

日（古文）	原	自	絕
5602、5801、5808、5901、6003、0048、0049	0020	5001	5001

鳳	玉
5907	5907

　　清人吳讓之、趙之謙、吳大澂、吳昌碩等的篆書中亦有例。而奚南薰也因此追尋此慣例，在小篆作品中參雜籀文來凸顯作品的變化性。如「脈」、「則」、「測」字，而「是」字爲兩周的古寫，「自」、「絕」、「鳳」、「玉」等字，在《說文》中均爲古文。

表 4-4-3　假借字或古今字

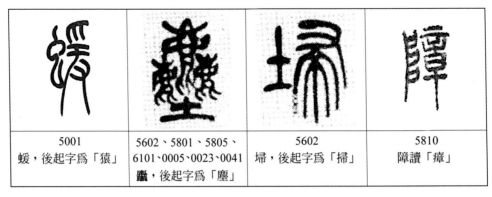

5001	5602、5801、5805、6101、0005、0023、0041	5602	5810
蝯，後起字爲「猿」	麤，後起字爲「塵」	埽，後起字爲「掃」	障讀「瘴」

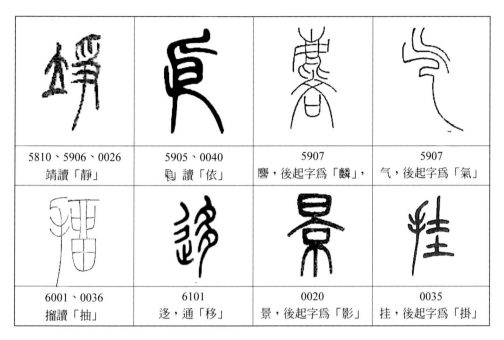

| 5810、5906、0026
靖讀「靜」 | 5905、0040
鳥 讀「依」 | 5907
麐，後起字爲「麟」， | 5907
气，後起字爲「氣」 |

| 6001、0036
摺讀「抽」 | 6101
迻，通「移」 | 0020
景，後起字爲「影」 | 0035
挂，後起字爲「掛」 |

　　據《說文》所載，奚南薰所寫「从手从留」的是「抽」字之古寫本字，而「从手从由」的「抽」是或體寫法。而清代書家寫篆字「摺」極爲少數，還是以「抽」字爲主要寫法。

表4-4-4　同作品中重複字寫法不同

之 5804	
之 5808	
也 6002	
而 6002	

是 6002				
所 6002				
於 6002				
之 6101				
而 6101				
之 0029				
也 0029				

表 4-4-5　慣用寫法

雨	雨	明	在
5002、5101、5201、0002、0012、0046	5402、5805、5901、0044	4401、5201、5810、0029、0047、0048	5201、6004、0042、0047

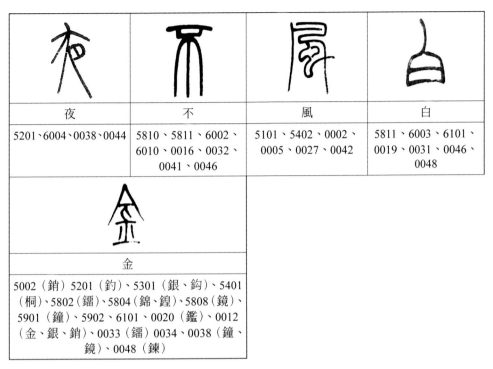

夜	不	風	白
5201、6004、0038、0044	5810、5811、6002、6010、0016、0032、0041、0046	5101、5402、0002、0005、0027、0042	5811、6003、6101、0019、0031、0046、0048

金
5002（銷）5201（釣）、5301（銀、鈎）、5401（桐）、5802（鐳）、5804（錦、鍠）、5808（鏡）、5901（鐘）、5902、6101、0020（鑑）、0012（金、銀、銷）、0033（鐳）0034、0038（鐘、鏡）、0048（鍊）

　　另外，奚南薰會重複寫同樣書體、規格、形式的作品，兩者相比對照之下，不論字體線條、大小、結體等，近趨相似。除了落款不同之外，實際上毫無差異性可言。如同為 1974 年中秋所臨〈秦公簋〉作品（編號 5903 與 5904）比照之下，奚南薰對線條、結體、筆法的掌控十分精熟，才能寫出相似度極高的作品。

編號 5903。參照書法圖錄第 190 頁。

編號 5904。參照書法圖錄第 191 頁。

以目前四十四歲至六十一歲，十七年間的篆書作品相較下，其結體、方圓用筆、線條等，並無太大的轉變。但由先生寫篆之習慣可發現，先生不僅對於篆書藝術的造詣極高，還對於文字學研究頗深，或許有受清代書家影響，但以先生求學中那勤奮不懈的精神，定是會在文字學上下過一番功夫。

第五節　其他書風

奚南薰認為習書應為「十年楷書，十年隸書，十年行草，十年篆書」的長久過程，而先生自認駑鈍，所以在習書的每段時期，都會比別人認真幾倍。雖然他晚年謙稱「一項末藝，還未學成」，但他的篆書藝術成就，是當世所推崇的，另外其他書體，亦是精詣絕倫。以下由奚南薰的學習歷程介紹如下：

一、楷書

奚南薰的楷書得力於北碑墓誌上，尤以〈張黑女墓誌銘〉與〈崔敬邕墓誌〉為多，尤其所作臨書可見功力（編號 5909），他認為摩崖書與龍門造像等碑版「古怪笨重」，雖寫過但不感興趣。五十歲後，探源而後循流，再回頭寫唐碑，其實與先生的個性的傾向有關。〔註62〕如民國五十九年（1970）（編號

〔註62〕 杜忠誥/盧廷清：《臺灣藝術經典大系渡海碩彥‧書海揚波》（臺北市：藝術家出版社，2006 年 4 月）第 139 頁。

5505）的楷書作品，明顯以歐陽詢的〈九成宮醴泉銘〉爲主基，而融合唐楷諸家自得的韻味來自運其作品。

編號 5909。參照書法圖錄第 268 頁。

編號 5505。參照書法圖錄第 265 頁。

二、隸書

編號 5503。參照書法圖錄第 263 頁。

奚南薰十六歲開始接觸隸書，嚮往古樸峻整的〈張遷碑〉，而後喜歡勁氣直達的〈禮器碑〉，並廣臨兩漢各碑，且悟出「逆入平出，筆毫平鋪紙面」的用筆法。在先生五十九歲所作隸書中堂的款中寫道：「合〈石門〉、〈孔宙〉、〈西狹〉諸碑為之，參以籀篆遺意。不敢謂我用我法，庶不襲清人故步耳。」由此可看出先生是具自覺性的創作意識來創作作品。而五十六歲所作〈門外晴洲〉隸書中堂（編號 5503），則有〈曹全碑〉與〈孔宙碑〉的遺韻，且遒厚峻偉並帶有古意之氣，是先生晚年隸書中的精品。〔註 63〕而於民國六十四年（1975）先生的個人書法展中，其中參展的隸書橫批（1975 年作）（編號 6005），因感於先生書法確有「筆下造乾坤，腕底起風雲」的大魄力筆法氣勢，竟有七、八人重訂。〔註 64〕

〔註63〕 杜忠誥/盧廷清：《臺灣藝術經典大系渡海碩彥‧書海揚波》（臺北市：藝術家出版社，2006 年 4 月）第 139 頁。
〔註64〕 張自英：〈世界藝苑〉，《世界畫刊》（臺北：世界畫刊社，1965 年 3 月 8 日）第七一五期。

編號 6005。參照書法圖錄第 278 頁。

三、行草書

　　對於行草來說，奚南薰在早期，曾致力於三希堂黃山谷法帖，雖也多方涉獵，但杜忠誥認爲最主要影響先生行書爲顏眞卿〈三稿〉和王羲之〈集字聖教序〉（如編號 0055）。而奚南薰曾自評「篆隸優於行楷，不及草書」是因爲草書與其他相較下，用力較少，且許多先生想做之事，都被「索篆者」給佔去，可見先生於當時，名氣甚高，作品供不應求。大病之後，更無多餘的時間研習草書，未能有更大的發揮，令人惋惜。〔註65〕而信札與爲病患開立的處方籤上的小行書，字體流美婉勁，更爲精湛之作，如奚南薰給王北岳的信札（編號 6006）清雅娟秀，眞率灑落，文中自述六十歲晚年又以「開倒車」回朔學習唐碑，要由北碑的「膽大」轉爲唐碑的「膽怯」，先生自認積習已深，不易轉變。

〔註65〕杜忠誥/盧廷清：《臺灣藝術經典大系渡海碩彦‧書海揚波》（臺北市：藝術家出版社，2006 年 4 月）第 140 頁。

編號：0055。參照書法圖錄第 285 頁。

編號 6006。參照書法圖錄第 279 頁。

第五章　奚南薰在當代書壇的成就與評價

　　在眾渡海優秀書家中，奚南薰的書法藝術成就甚高。本章先與其他擅寫篆書之書家的篆書風格作比較，分析當代書寫篆書時普遍喜好哪種風格，也藉由當世人對於先生評價，與對後世書風上產生的影響，致使先生在臺灣書壇佔有一席之地。

第一節　與同時期書家篆書書風之比較

　　國民政府遷海來臺，大批來自中國各省之書畫家東渡來臺，並帶進各家各派的書法風格，使臺灣書壇面貌更為豐富。金石書法也因渡臺書家的引領之下，漸漸嶄露頭角，成為臺灣金石書法的另一開端。就篆書而言，渡臺書家中除奚南薰外，另以吳敬恆（1865～1953）、陳含光（1879～1957）、宗孝忱（1891～1979）、錢大鈞（1893～1982）、高拜石（1901～1969）、孔德成（1902～2008）、王壯為（1909～1998）、吳平（1920～）、王北岳（1926～2006）、丁翼（1928～）的篆書最具盛名；而甲骨文，以董作賓（1895～1963）為首；曾紹杰（1911～1988）、陳其銓（1917～2003）雖四體皆擅，但篆書創作上也獨具面貌。而當時展覽多為配合勞軍、公益為名義而辦展覽，如王王孫（1908～2005）、孫靜子（1910～1971）、陶壽伯（1902～1997）有舉辦過數場金石書畫展。〔註1〕當時書壇由陳其銓所述的，從停頓的「沉滯期」漸漸開始逐步

〔註1〕蔣孟如：〈一九五○年代台灣篆書書法初探〉，《2010年學術研討會論文集》（臺北：中華書道學會，2010年12月出版）第109頁。

發展的「復甦期」與「重振期」。以下由各書家所寫的篆書風格，與奚南薰所寫的小篆來進行分析探討。

一、當代名家篆書風格

（一）吳敬恆（1865～1953）

吳敬恆，原名朓，字稚暉。與胡漢民之隸書、譚延闓之楷書、于右任之草書被譽為「國民黨四大書法家」。

吳敬恆的篆書，以深得秦系刻石風神而具盛名，當代名書法家與名書評家，具一致推崇讚揚，如王壯為於《書法研究》云：「吳先生深於篆書，古貌蒼勁；衡山譚元徵謂吳先生篆法古樸凝鍊，胎習籀斯，一洗圓滑側媚之態。」王北岳於《暢流》雜誌〈談篆書〉一文中，謂「晚近以篆書名世之書家，首推吳稚老，蒼古俊秀，有鶴髮童顏之面目。吳缶盧之蒼渾、趙之謙之秀逸，這兩種面目極不易相容，而稚老能之，這是他最大的成功。」陳其銓於《中國書法概要》中，提出「吳先生的篆書邊款或題跋，雖然用行書，但是配合在作品上，卻顯得那麼和諧與不可分，這便是書法家的學養和功力；又謂其金石文字，不求形似，而氣味淳厚，古樸無比。」〔註2〕

圖 5-1-1 吳敬恆 1947 年
集嶧山碑〈王道，義方〉對聯
出處：《吳稚暉先生書法集》

以上論述，可說明吳敬恆的篆書古樸蒼老，筆法功力深厚，而鑽研日久，自成一家。其治篆途徑無非博臨眾碑，汲取諸所長，對〈石鼓文〉及秦代諸刻石之蒼深奇古尤有深體，再加上〈天發神讖碑〉之驚世奇偉，相資通融，

〔註2〕浦士英：《吳稚暉先生書法集》（臺北市，1971年6月），第2頁。

得力尤多。觀看吳敬恆晚年之作，雖以各碑集字或自運來作爲創作（如圖5-1-1），但其結字的體勢、筆畫的形狀都頗爲穩熟自化，形成強烈的個人風格。

（二）陳含光（1879～1957）

陳含光，本名廷韡，江蘇儀徵人。詩文書畫皆精通，有「四美」之譽，也有「一代文宗」之稱。陳含光嗜好篆書，並收集秦至元代篆碑數十冊，並根據《說文》標註其六書之誤。

圖 5-1-2 〔註3〕陳廷韡（因屬名「廷韡」，知爲1973年抗戰前所作）〈日躔，龍吟〉篆書對聯
出處：《臺灣藝術經典大系風規器識·當代典範》頁24

圖 5-1-3 陳含光〈下窺，日草〉篆書對聯
出處：《臺灣藝術經典大系風規器識·當代典範》頁26

〔註 3〕陳欽忠：《臺灣藝術經典大系風規器識·當代典範》（臺北市：藝術家出版社，2006年4月）第23頁。

陳含光用筆轉折處，受清鄧石如影響以隸書方折入篆，呈現圭角（圖5-1-2），晚年則不強調轉折，轉覺清勁秀潤；收筆仿〈天發神讖碑〉以中鋒懸針作收，當代書家李猷曾評陳含光篆書風格云：「篆書緊湊，而筆致鋒稜，骨格蒼勁，爲篆書開一新面貌。」（圖5-1-3）〔註4〕

（三）宗孝忱（1891～1979）

宗孝忱，字敬之，江蘇如皋人。曾任臺灣師範大學和臺灣大學教授，教育界尊稱他爲「國學大師」。宗孝忱學問淵博，詩文詞典、文字音韻、經史之作，無不深曉。他自幼酷愛書法，五體具精，尤精小篆。

宗孝忱認爲寫篆爲「逆起回收，兩端皆圓，穩行如舟，橫必水平，豎必繩直，距離相等，平均用力，無撇無捺，畫圓必準，心手相應，筆畫勻整。」〔註5〕由其篆書對聯（圖5-1-4）其書風以〈嶧山碑〉「玉筯篆」的線條書寫古樸圓實的〈石鼓文〉，來呼應圓勁，線質婉通均勻的表現方法。

（四）錢大鈞（1893～1982）

錢大鈞，字慕尹，江蘇吳縣人，國民黨元老。曾任執於黃埔建校初期教官、擔任過參謀長、軍統局局長、上海市長等。工作之餘不忘翰墨，尤以篆書見長，享「鐵線聖手」之稱。〔註6〕由篆書中堂〈南山有臺〉（圖5-1-5）作品中所見，其體勢較接近李陽冰、徐鉉刊寫《說文》的長形圓轉的玉筯篆風格。

〔註4〕陳欽忠：《臺灣藝術經典大系風規器識‧當代典範》（臺北市：藝術家出版社，2006年4月）第17頁。

〔註5〕宗孝忱：《述篆》（臺北市：宗玥，1975年再版）第5頁。

〔註6〕參見文化部，臺灣大百科全書網，2014年5月19取自 http://taiwanpedia.culture.tw/web/content?ID=9779

圖 5-1-4 宗孝忱未紀年
〈雲臺，雨笠〉篆書對聯
出處：《自立藝苑書畫選集》頁 136

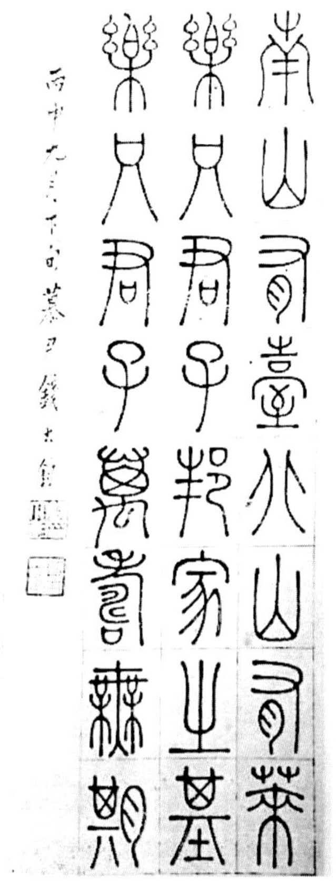

圖 5-1-5 錢大鈞 1956 年
〈南山有臺〉篆書中堂
出處：《2010 年學術研討會論文集》頁 131

（五）高拜石（1901～1969）

　　高拜石，字嬾雲，又字般若，筆名芝翁、南湖、介園，自號古春風樓主人，浙江鎮海人。畢生從事新聞、文化事業，歷任《新生報》、《華報》、《寰宇新聞》、《民國日報》、《中央日報》編輯主筆，臺灣省政府新聞主任秘書等職。新北市三峽清水祖師廟亦有高拜石所寫數件對聯刻於其廟柱之上。

　　高拜石於民國三十六年（1947）來臺，印壇往來初期不脫「臺灣印會」，而後加入「海嶠印集」。而在書畫上於民國五十二年（1963）與馬紹文、尤光先、謝宗安、陳其銓、石叔明、施孟宏、酈濟榮等組成「八儔書會」；與王孟瀟、楊士瀛、李普同、張迅，於臺灣省立博物館舉辦「五人書展」。高氏在公暇之餘，不忘了文人優游藝事的活動。雖高氏並未視其藝術為終生志業，但

梁乃予受高氏影響極深，並成爲知交。〔註7〕王北岳曾於「梁乃予書畫篆刻研討會」主講「梁乃予篆刻藝術時」曾提及：「高拜石之師爲青山農（黃保戌）先生，……高先生臨『籀範』之方式，先參考拓片綜合『籀範』之缺失再對照拓片，終成爲自己的風格，結構嚴謹筆法蒼勁。……」而高氏書法專攻大篆，王北岳認爲「在臺灣，除吳稚暉外，就屬高氏第一了。」〔註8〕由高氏作品可看出（圖5-1-6、圖5-1-7）其大篆樸實凝重，穩當妥貼，流現蒼老渾厚的自然書風。

圖5-1-6 高拜石1969年大篆對聯　　　　　圖5-1-7 高拜石　未紀年〈節臨郘公鎗鐘〉
出處：《臺灣藝術經典大系篆印堂奧》頁31　出處：《自立藝苑書畫選集》頁104

（六）孔德成（1902～2008）

　　孔德成，字玉汝，號達生，山東曲阜人，是孔子的七十七代子孫。曾擔任國立臺灣大學、國立臺灣師範大學、輔仁大學、東吳大學、國立中興大學教授。也曾擔任中華民國制憲國民大會代表、國民參政會參政員、國立故宮中央博物院聯合管理處主任委員、國立故宮博物院管理委員會常務委員暨指導委員會委員、考試院院長、總統府資政。

〔註7〕黃寶萍：《臺灣藝術經典大系篆印堂奧》（臺北市：藝術家出版社，2006年3月）第20頁。
〔註8〕同上，第21頁。

　　孔德成舉家遷居臺灣後，大部份時間任教於臺大中文系，教授「三禮研究」、「金文」、「青銅彝器」，並著《金文選讀》，且於《人文學報》刊登〈梁其鐘銘釋文〉等學術研究論文甚多，對金文研究甚深，所以孔氏大篆作品會保持金文文字忠實的呈現，如 1999 年所寫的大篆條幅（圖 5-1-8），雖爲集金文文字，但字體大小、線條粗細肥瘦及圓筆曲線使用，使作品嚴謹樸茂之感。孔氏也帶有小篆的金文作品呈現，如〈四坐，一船〉篆書對聯（圖 5-1-9）。

圖 5-1-8 孔德成 1999 年大篆條幅　　圖 5-1-9 孔德成　無紀年〈四坐，一船〉對聯
出處：《中華民國當代名家書畫集》　　出處：《帝國藝術 2013 秋季拍賣會圖錄》頁 112

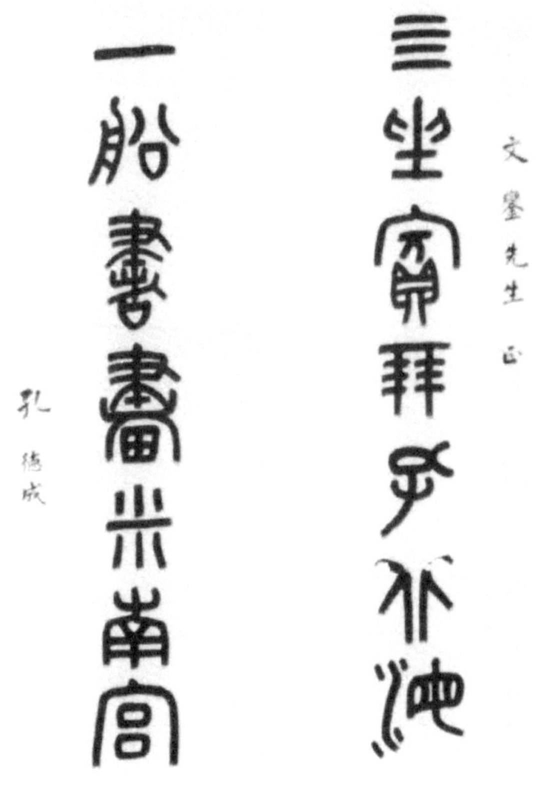

（七）張壽賢（1905～1988）

張壽賢，江蘇武進人。工於書法，尤精于篆文，而英氣內斂，深爲識者所重。歷任中國國民黨秘書，交通部政務次長等職務。與奚南薰爲同鄉，來往頻繁，兩人交情甚深，而後張壽賢爲《奚南薰先生紀念專輯》題序。

圖 5-1-26 張壽賢 1981〈文心定勢篇〉
出處：《暖春集粹——臺灣富德 2014
年春季拍賣會作品圖錄》第 178 頁

圖 5-1-27 張壽賢 未紀年〈老子，大令〉篆書對聯
出處：1967 年 4 月《書畫月刊》
第一卷第三期，第 14 頁

張壽賢篆書謹持有則，古茂樸實，而英氣內斂，並受清吳讓之影響，如民國七十年（1981）所寫的〈文心定勢篇〉（圖 5-1-26）。其餘公暇之餘，曾以小篆寫〈文心雕龍〉全書自娛。〔註 9〕其字起筆方重，有隸書筆意，轉折處則外方內圓，有〈天發神讖碑〉的韻味。而其所作〈老子，大令〉篆書對聯亦用此法（圖 5-1-27）。

〔註 9〕 參見《張壽賢先生書文心雕龍》的自序。

（八）王王孫（1908～2005）

　　王王孫，原名碩智，安徽滁縣人。在渡海來臺眾多篆刻家中其成名甚早，並自稱「野王」，不參與其相關團體雅聚活動，特立獨行於藝壇。但致力推廣藝術，學生遍布臺灣各地，文化傳承，功不可沒。〔註10〕

　　王王孫曾傾其鉅資於金石史料，致力碑拓、古錢幣、磚瓦、鐘鼎銘文的收集與研究，並從古人書法中，考究文字構造之妙。王王孫的書法獨樹一格，其篆書對聯（圖5-1-10、圖5-1-11）不但筆力蒼勁，並且灑脫不拘，成其一家之貌。

圖 5-1-10 王王孫 1972 年
〈用武出師，以文集友〉篆書對聯
出處：林打敏老師提供

圖 5-1-11 王王孫 未紀年
〈歲首，天晴〉篆書對聯
出處：《臺灣藝術經典大系篆印堂奧》第 92 頁

〔註10〕黃寶萍：《臺灣藝術經典大系——篆印堂奧》（臺北市：藝術家出版社，2006年 3 月）第 79 頁。

（九）王壯為（1909～1998）

王壯爲，本名沅禮，號漸齋、漸翁、忘漸老人。河北易縣人。曾爲國立臺灣藝專、臺灣師範大學教授、文化大學藝術研究所教授、篆刻學會常務理事、臺北故宮博物院顧問，並曾與丁念先、傅涓夫、陳定山等同好共組「十人書展」及「海嶠印集」，弘揚書藝，不遺餘力。並在書壇備受敬重，有「金石書法家」之稱。〔註11〕

圖 5-1-12 王壯爲 1959 年
集大公丹〈恭則壽，欹弓身〉
（孔子壁經句）篆書對聯
出處：《書畫月刊》第一卷第二期頁 4

圖 5-1-13 王壯爲 1980 年
集侯馬盟書四字吉語〈嘉樂永寧〉
出處：《王狀爲書法篆刻圖錄》頁 21

王壯爲一生以詩文、書法、篆刻享譽藝壇，雖以楷、行書爲大宗，但篆書有其面貌，如 1959 年集〈大公丹書句〉〈恭則壽，欹弓身〉（圖 5-1-12）篆書對聯。且六十歲後參酌周秦新出土之文字與墨跡如〈楚繪書〉、〈侯馬盟書〉及帛書老子，並以善用之硬毫使轉此三種篆書，書時流暢，不刻意營造金石氣味，頗具筆氣。〔註12〕王壯爲別開生面，創新書風，是最新求變的實踐者，如王壯爲七十一歲集〈侯馬盟書〉四字（圖 5-1-13），而其影響往後書壇甚劇。

〔註11〕 林釗《王狀爲書法篆刻集》之序文。出處：朱台功：《王狀爲書法篆刻集》（臺北市：正因文化股份有限公司，2005 年 6 月 15 日）第 4 頁。

〔註12〕 麥鳳秋：〈臺灣地區三百年來書法風格之遞壇（九）〉，《臺灣美術》（臺中：國立臺灣美術館，1993 年 10 月）第六卷第二期，第 77 頁。

（十）曾紹杰（1911～1988）

曾紹杰，原名昭掄，湖南湘鄉望族。民國四十年（1951）渡海來臺，任職臺灣電力公司秘書。在臺灣篆書範本缺乏時，曾紹杰復將黃牧父篆書屏條三種編成字帖，且於民國六十二年以篆刻獲中山學術文藝創作獎，並自民國五十一年（1962）在文化大學藝術研究所講授金石學。雖然在臺期間鮮少有關於書法及篆刻的論述，但他對台灣篆刻教育的推動，影響甚遠。〔註13〕

曾紹杰曾自述：「余十齡習篆，十四始學篆刻。」〔註14〕，並主張「寫字必從規矩入手」一帖臨書數十遍，欲破板滯，則「不在字形變化，而在筆活」〔註15〕，以求悟且合於妙，入帖出帖不被原帖所拘泥，篆字淳雅秀靜，氣勢磅礴，且篆風面目甚多，其學生黃崇鏗認爲：「紹師的書法作品速度是緩和的，弧度是飽滿的，氣勢是渾厚質樸的。」如曾紹杰次年來臺（1952年）所作〈甘鞠，寒梅〉篆書對聯（圖5-1-14），就參以〈天發神讖碑〉的筆意所集此聯，和1961年〈臨黃牧甫篆書〉中堂（圖5-1-15），及〔註16〕1971年所寫〈甘鞠，寒梅〉（圖5-1-16）篆書對聯，與1972所寫的〈臨周南皇父敦銘〉（圖5-1-17）。

〔註13〕 嚴家淦：《中華民國當代名家書畫集》（臺北：中華文化復興推動委員會，1980年10月）第128頁。

〔註14〕 出自曾紹杰篆刻選集再版自序。出處：黃光男：《書印雙絕——曾紹杰書法篆刻研究展專輯》（臺北：國立歷史博物館，2000年3月3日）第108頁。

〔註15〕 麥鳳秋：〈臺灣地區三百年來書法風格之遞嬗（八）〉，《臺灣美術》（臺中：國立臺灣美術館，1993年7月）第六卷第一期，第79頁。

〔註16〕 黃寶萍：《臺灣藝術經典大系——篆印堂奧》（臺北市：藝術家出版社，2006年3月）第98頁。

圖 5-1-14 曾紹杰 1952
〈已知，轉覺〉篆書對聯
出處：《曾紹杰書法篆刻研究展專輯》第 12 頁

圖 5-1-15 曾紹杰 1961
〈臨黃牧甫篆書〉中堂
出處：《曾紹杰書法篆刻研究展專輯》第 14 頁

圖 5-1-16 曾紹杰 1971
〈甘鞠（菊），寒梅〉篆書對聯
出處：《曾紹杰書法篆刻研究展專輯》第 20 頁

圖 5-1-17 曾紹杰 1972〈臨周南皇父敦銘〉
出處：《曾紹杰書法篆刻研究展專輯》第 22 頁

（十一）陳其銓（1917～2003）

圖 5-1-18 陳其銓 1996
甲骨文八言聯〈日月，山林〉
出處：《陳其銓書法展專輯》

圖 5-1-19 陳其銓 1977
〈節臨天發神讖碑〉
出處：《陳其銓書法展專輯》

圖 5-1-20 陳其銓 1977
〈節臨嶧山刻石〉
出處：《陳其銓書法展專輯》

圖 5-1-21 陳其銓 1996
〈尊道，穌平〉篆書對聯
出處：《陳其銓八十書法展》第 57 頁

陳其銓，號奇川，廣東豐順人。民國四十七年（1958）擔任省府新聞處秘書、總統府參議、東海大學教授等，並創立「弘道書藝會」，一生推動書法教育，培植後學，不遺餘力。

陳其銓於 1935 年十九歲勤於詩、古文之探研，並致力研習篆刻。篆刻印稿製作時，書寫印篆文字也是種篆書研習。〔註 17〕先生的早期作品以穩健秀逸見長，甲骨文著力甚深，如其 1963 年所作甲骨文八言聯〈日月，山林〉（圖5-1-18）。篆書臨寫亦頗得神韻，如 1977 年所作〈節臨天發神讖碑〉（圖 5-1-19）及〈節臨嶧山刻石〉（圖 5-1-20）。而其晚期擅用顫筆，能表現金石碑拓中剝蝕的效果，間接傳達了懷舊樸拙的美感。〔註 18〕七十歲以後獨創「綜體書」，也是他畢生書藝的結晶。其金文書法老成樸茂，筆趣盎然，如集兩周金文〈尊道明德，龢平吉康〉對聯（圖 5-1-21），落款以綜體書書寫，作品整體古樸，顫筆節奏使線條具有獨特的趣韻。

（十二）吳平（1920～）

吳平，字堪白，浙江餘姚人。其書法立基於晉唐，上溯周秦篆籀，並廣收碑帖，從書史入以知其淵源，從碑帖中學以得其堂奧。民國七十二年（1983）任職故宮博物院書畫處處長，並曾舉辦過多次個展，也獲中國畫學會金爵獎與中山文藝創作獎等。〔註 19〕且參加「七修畫會」、「海嶠印集」、「六六畫會」交遊切磋。

而吳平曾說其書法啓發於家學，並認爲寫字主張厚重〔註 20〕，如民國六十八年（1979）所作篆書條幅（圖 5-1-22）。王壯爲稱其書法「秀逸雄奇，自成一格。篆隸並能，脫略俗尚」。而〈霽月，文波〉篆書對聯（圖 5-1-23）其書法線條因爲溫潤而顯「筆不筆，墨不墨」，即使寫吳昌碩之老拙勁脫，都有鄧散木圓融不露骨之舒緩儒雅之風。〔註 21〕

〔註 17〕 林進忠：〈陳其銓先生書藝洪道的志業成就〉第 3 頁。
〔註 18〕 陳欽忠：《臺灣藝術經典大系風規器識──當代典範》（臺北市：藝術家出版社，2006 年 4 月）第 98 頁。
〔註 19〕 出自《吳平堪白書展集冊》之簡介。吳平：《吳平堪白書展集冊》（臺北：春秋藝文中心，1995 年 1 月）第 5 頁。
〔註 20〕 莊曉音：《吳平篆刻風格之研究》（國立臺灣藝術大學美術學院造形藝術研究所中國書畫組碩士論文，2006 年 6 月）第 28 頁。
〔註 21〕 黃光男：《吳平堪白書畫篆刻》（臺北市：臺北市立美術館，1992 年 6 月）第 148 頁。

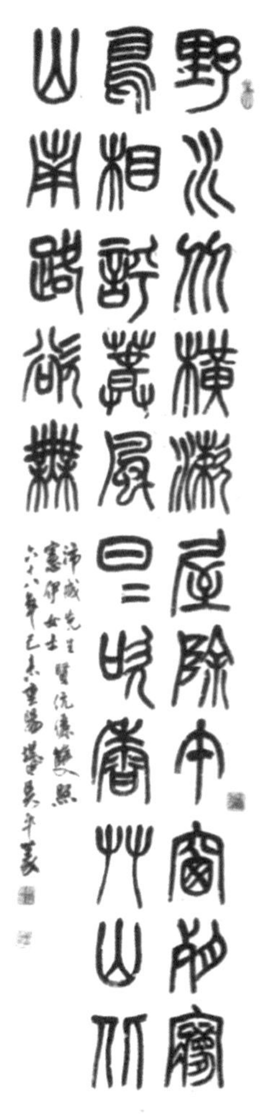

圖 5-1-22 吳平 1979 篆書條幅
出處:《暖春集粹臺灣富德 2014 年春季拍賣會
圖錄》第 21 頁

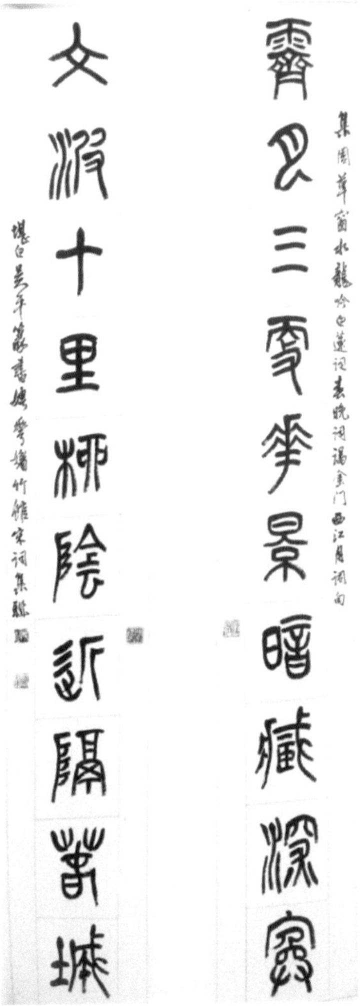

圖 5-1-23 吳平 無紀年〈霽月,文波〉篆書對聯
出處:《吳平堪白書畫篆刻》第 104 頁

(十三) 王北岳 (1926~2006)

　　王北岳,本名澤恒,號子蒼,河北文安人。民國五十年(1961)與王壯為等人籌組〈海嶠印集〉以篆刻互相切磋,民國六十八年(1979)創刊了以篆刻探討爲主的《印林》雙月刊,推廣篆印藝術不遺餘力,影響甚鉅。〔註22〕

─────────────

〔註22〕陳宏勉:《臺灣藝術經典大系璽印寄情》(臺北市:藝術家出版社,2006 年 4 月)第 31、32 頁。

王北岳認為古印研習累積一定基礎後，必須加入篆書筆意的表達，才能提昇境界，要能表現出篆書中鋒、勻淨、對稱的特色。他的篆書用筆有輕重趣味，起筆收筆之間頗富變化，也能運用篆刻印面安排的基礎在書法佈局上。

圖 5-1-24 王北岳 1952〈錄論語〉
出處：《王北岳石璽齋門生書法篆刻集》
第 11 頁

圖 5-1-25 王北岳 1980〈持其志，敏于事〉
出處：《王北岳石璽齋門生書法篆刻集》
第 20 頁

　　王北岳篆書由秦代〈泰山刻石〉、〈瑯琊臺石刻〉入手，在學唐李陽冰後，學鄧石如、吳讓之等清代書家，喜好〈靜敦〉，〈豆閉敦〉等金文拓字，再參考前輩書家的大小篆筆法結體，也逐漸變成後來的篆書風格〔註 23〕，如早期作品（圖 5-1-24）與後期篆書對聯（圖 5-1-25）。

〔註 23〕同上，第 34 頁。

二、諸家的篆書風神比較

由上述其他書家的書法風格，各有面貌，各人研習傳承門徑不一，而所受其師法碑帖的影響也大不相同，可歸爲大篆書風及碑版、刻石書風。

（一）大篆書風影響

由以上各書家篆書作品可以看出，高拜石、孔德成、王王孫、曾紹杰、陳其銓、王北岳均受金文影響甚深，不管是臨摹或是自運作品，都有金文書法的圓筆活潑曲線，且字體大小錯落有別。而奚南薰四十五歲後即開始臨習金文，但以目前所蒐集的作品來看，僅有五十歲前〈節臨毛公鼎〉（編號 0001），筆法秀潤，字形較無大小的差別，結構呈現左右對稱，線條空間佈白和諧，凸顯作品較爲嚴謹。此與其他書家大篆風格形成差異。

（二）碑版、刻石書風影響

吳敬恆的篆書汲取金文豐富的線條變化，結合秦漢刻石古樸意趣，融合出屬於自己鶴髮童顏面貌。〔註 24〕〈天發神讖碑〉獨特的韻味亦受書家們喜愛，如陳含光，圓勢起筆、收筆學〈天發神讖碑〉中鋒懸針之姿作收，而張壽賢以〈天發神讖碑〉的方勢起筆，這與奚南薰起筆逆入平收，收筆處急煞提起方式大爲不同。

宗孝忱、錢大鈞、陳其銓的玉筋篆書風作品與奚南薰以鐵線篆呈現的作品（編號 5907、6001、0004）相較下，前者雖以〈嶧山碑〉取益，但與鄧石如早期所寫較爲方正的玉筋書風較爲類似，且宗氏提倡「逆起回收，兩端皆圓」的筆法作篆。而奚氏所寫字體較長，線性也較爲遒勁，結構空間布白也較前者更爲均勻，收筆處略帶破筆，風格相互迴異。

曾紹杰深通金石碑帖之學，部分所寫的小篆作品，線條會些略有顫筆的效果產生，且字體較無奚南薰長，還是保有金文、碑版石刻的特性所在。而吳平篆字厚重，且字形結構受〈石鼓文〉影響甚深，字體較爲方正，與奚南薰以《說文》爲主的清篆風格大爲不同。

〔註24〕語出麥鳳秋：《四十年來台灣地區美術發展研究之五-書法研究研究報告展覽專輯彙編》，（臺中：臺灣省立美術館，1996 年）第 38 頁。

第二節　身後諸事與書道傳承

一、遺作展刊

國立歷史博物館為推行中華文化，弘揚書法藝術，於奚南薰逝世十周年，民國七十六年三月十八日於國家畫廊舉辦「奚南薰遺作紀念展」揭幕。由於奚南薰傳世作品不多，遺作在家者亦寡，所以此次展覽係由奚南薰夫人及其門生的幫助，商借出八十許件付展，並由門生共議釀貲將這次展出作品中擇要成《奚南薰先生紀念專輯》一冊，作為紀念，並邀請先生同鄉好友張壽賢題序。〔註25〕此書法集能讓世人有機會見識到先生的精湛的書藝。

除了遺作紀念展之外，民國九十五年（2006）四月文化總會編印《臺灣藝術經典大系——渡海碩彥·書海揚波》的專書中，介紹臺灣書法發展史上的重要經典書家時亦收錄介紹了奚南薰，可以顯示先生在當代書壇所受推崇與重視的歷史定位與成就，也藉此再次推介刊印了奚南薰的代表作品。

二、書道傳承

奚南薰本業為醫，愛好書法本於天穎與興趣，而從事書法教學的書道傳承工作本非其職志，直至民國五十九年（1970）榮獲教育部文藝獎後，求書與拜師者眾多，但奚南薰從無正式開班授課，慕名者都至「南山堂」與奚南薰看診病患共同排隊「掛號」。亦同為請益書法的孔依平，於民國七十五年（1986）《時代生活》第二十一期中，寫下一篇〈懷念恩師——奚南薰先生〉一文中有提到：

> 民國六十年左右，感于自身淺薄，學書意念固為強烈，得到學長林千乘、林韻琪等之薦介，與王卓名兄等共列奚師門牆。時奚師懸壺北市，每周定時上課，上課中如遇有其醫者前來，則暫停談論書法而為求診者把脈，待患者離去後，復執筆為我們批改作業，每次上課常都是時報時續進行，但奚師仍不厭其煩，盡心指導我們，而今思之，倍感師恩難忘。〔註26〕

所以，即使是跟隨先生許久的林千乘，起始三年亦是如此，直至吳平於「南山堂」遇見林氏，隨而介紹于奚南薰，其後關係轉變為亦師亦友，繼續

〔註25〕見於《奚南薰先生紀念專輯》之後記。（臺北：奚南薰先生紀念專輯編輯委員會，1987 年 3 月）第 95 頁。

〔註26〕孔依平：〈懷念恩師——奚南薰先生〉，《時代生活》（臺北：時代生活社，1986年 1 月 10 日）第二十一期，第 8 頁。

相互研討書法藝術。〔註27〕奚南薰晚年大病後，對於篆書要領的「篆法三昧」之絕藝，很想傳授於世，遂請王北岳推薦幾位有志學書學子給他，其中杜忠誥、江育民，皆為奚氏之傑出門生。〔註28〕

　　與奚南薰同為江蘇省武進人，亦為錢名山之愛徒及快婿的程滄波（1903～1990）先生，在〈奚南薰篆書印冊〉小序中提到：

> 二十年來奚子之書與其醫學益進，名益盛四方，求書與求醫者日不
> 暇接，奚子既不自炫其學，更不自秘其術，求書求醫者踵相接於門，
> 而奚子無吝色無倦容，每週空時為中小學教師傳授書法，口講指畫，
> 罄其所蒐藏，供展示觀摩，學者欣然來，酣暢鼓舞而去。

　　由上述可知，奚南薰在醫界與藝術界名聲廣大，慕名而來求書、請益者接踵而至。雖然繁忙，但在行醫之餘，仍對書法教育有些許之貢獻。

　　由於奚南薰的名氣，即使逝世後，其弟子延續奚氏篆書書風，對臺灣篆書走向確實有一些影響。陳其銓於第四十四屆《彙刊》（1990年）中對省展前二十年的篆書書風有具體的陳述：

> 回顧過去二十年來……。篆書則以吳昌碩石鼓文為尚，小篆方面，
> 近十年來，奚南薰播下的種子，已經萌芽滋長，在省展中影響深具，
> 歷久彌彰。近年晚清鄧完白、趙撝叔的篆隸筆趣風格，時在省展中
> 出現。〔註29〕

　　如全省美展第三十九屆，江育民於民國七十三年（1984）所作篆書對聯（圖5-2-1）為永久免省查資格、蔡擇龍所寫〈蔣總統經國先生嘉言〉篆書中堂（圖5-2-2），及第四十一屆，蕭世瓊於民國七十五年（1986）書〈庚愼之謝東宮賚米啓〉篆書四聯屏（圖5-2-3），與第四十三屆，陳錦木於民國七十七年（1988）所作〈陶靖節頌羊長史詩〉篆書四聯屏（圖5-2-4）其書風上的風格，類似於奚氏小篆書風。由此可知，當時年輕一輩的書家作篆習書時，固然選擇性已較多，但奚門師徒及再傳弟子的輾轉傳揚，絕對是一股不容忽視的關鍵推動力量。〔註30〕

〔註27〕 林打敏口述。
〔註28〕 杜忠誥/盧廷清：《台灣藝術經典大系渡海碩彥・書海揚波》（臺北市：藝術家出版社，2006年4月）第142頁。
〔註29〕 陳其銓：〈歷居省展書法風格導向與省思〉，《第四十四屆彙刊》（臺中：臺灣省立美術館，1990年）第14頁。
〔註30〕 杜忠誥/盧廷清：《臺灣藝術經典大系 渡海碩彥・書海揚波》（臺北市：藝術家出版社，2006年4月）第142頁。

圖 5-2-1 1984 江育民篆書對聯　　　　圖 5-2-2 蔡擇龍篆書中堂

圖 5-2-3 1986 蕭世瓊〈庚愼之謝東宮賚米啓〉篆書四聯屏　　圖 5-2-4 1988 陳錦木〈陶靖節頌羊長史詩〉篆書四聯屏

第三節　當世之評價

　　奚南薰熟練掌握結字、用筆等基礎法度，然後廣泛臨習名家碑帖，博采眾長，銳意求新，力求自家面目。又如前章節所述，奚南薰在渡臺眾多書家中其小篆書寫藝術絕爲一流，在臺灣書壇佔有一席之地，以下引介當世人對於先生書法之評價的論述。

　　臺灣省議會第二屆議員姚冬聲曾說：

> 吾邑武進，在遜清一代，人文蔚起，如莊方耕、劉申受、李申耆之樸學，惲子居、張皋文之文章，趙甌北、黃仲則、張翰風之詩詞，惲南田、清於之畫，孫淵如、洪北江之篆書，以及孟河諸家之醫學，皆卓然自立，獨開宗派，蜚聲海內，流風餘韻，至今不衰，即寓臺同鄉中，以文章藝事著稱者，尤不乏人。而後起之秀，當推奚君南薰爲翹楚，……。君貌清癯如鶴，若不勝衣，而下筆雄健，氣體闊達，有嶽峙河奔之勢，斯亦奇已。或謂君篆書類吳讓之，蓋君取法於漢，途徑與讓之相同，形貌或有近似，然君筆力遒勁，實過讓之，尤非胡荄甫、徐三庚所能及，世有真賞，當然不以鄙言爲謬也〔註31〕。

　　武進之地，人才輩出，而奚南薰文學與書法藝術上的造詣，能媲美清代各家明賢，而獲得姚冬聲極高的讚賞，且姚氏認爲先生寫篆筆力勝過吳讓之，也曾讓趙之謙所說：「荄甫尚在，吾不敢作篆書，今荄甫不知何往矣。」連獲得趙之謙崇高評價的胡澍篆書亦不能與先生相互比擬。有此可知，先生篆書是如此絕詣的。

　　且張壽賢於〈奚南薰紀念專輯〉中序言提到：

> 大陸來台人士林林總總中，有以醫道與書法著稱者，吾郡奚南薰先生其一也。吾郡夙以文風鼎盛，甲於江南，張惠言、洪亮吉諸前輩，均以餘事能書，爲後學宗主。而孟河馬氏、費氏之於醫道，一馳名當世。上自王公鉅卿，下及販夫走卒，求治者，舟車絡繹，不絕於途。

　　如同姚氏與張氏所說，奚南薰醫學精湛，且在文學詩詞與書法藝術上的造詣甚高，求醫求書者，絡繹不絕。但先生個性不愛炫露，始終淡泊名利，至老仍對於自己的書藝成就「一項末藝，還未學成」〔註32〕謙遜之話。

〔註31〕見於姚冬聲：〈中華民國中醫藥學會會友四種展覽特輯——奚南薰書法簡介〉，《讀友畫刊》（臺北，1965 年 3 月 29 日）

〔註32〕參見〈駑馬十駕〉一文。

　　《世界畫刊》發行人張自英社長於民國五十五年（1965）曾於畫刊先後
刊登〈一個被遺忘的人〉和〈高一峯不朽〉爲題，向社會提出呼籲藝術家孤
獨的一生，他認爲奚南薰與高一峯極爲相似，因此，也於奚南薰逝世後刊登
〈寂寞的藝術家（二）〉，並自己作詞歌詠奚南薰：

> 你，沉潛於都市之谷，不願揚名的現代華陀。你，隱遁於陋巷之中，
> 不被多數人所發現的藝壇巨擘。從來不刊登大吹大擂的商業廣告，
> 從來不採用各式各樣的自我宣傳，你甘願淡泊和自然，你但求寧靜
> 與無聞。誰知道，你是一位濟世的良醫，有幾個人能懂得，你是一
> 位卓越的書法家。你常常爲貧苦的病患義診，寫字也從來不當貨品
> 賣錢，自「無爲」中見出「有爲」，從平凡裡顯示永恆。偶然間，教
> 幾個學生，或者三五位知己朋友來訪，你都是那麼誠誠懇懇。你樸
> 實得像無花之果，如同一株昂然獨立的樹，有著藝術家固執而倔強
> 的個性，不隨世俗以載浮載沉。突然間，你發現那可怕的癌之死神，
> 露出了猙獰的面目，一步一步地跟緊著你。已整整一年了，我彷彿
> 時刻聽到你呻吟的聲音，不屈服於惡劣的命運，展開了生與死的搏
> 鬥。你爲了向自己的生命史交卷，從痛苦中掙扎，自呻吟裡執筆，
> 顫慄地寫下傳世的墨寶。你說這是第一次，也是最後一次的書法展
> 覽，像一支悲愴的交響曲，久久迴盪在我的心房。蔣桂琴、周紫音
> 的不幸，在社會上曾掀起一片漣漪，藝術家竟如此寂寞，我不禁要
> 爲你作不平之鳴。正是臘月的盡頭，我忙得像救火車的輪子，但也
> 要爲一位傑出的藝術家，放開喉頭來大聲歌唱。〔註33〕

　　由張自英所歌詠奚南薰的詞語中，更能深刻體會奚南薰所追求「淡泊無
聞」之感，及在病痛中還能潛心於書藝之中，此種對於書法上不放棄的態度，
是當時大家所敬佩的。

　　民國八十三年，林進忠於《臺灣美術》第七卷第一期的季刊，有發表〈臺
灣地區前輩美術家作品特展（二）書法展——觀後〉一文，其中有提及奚南
薰的書法藝術特質：

> 篆書尤須古文字學之根基方能書寫運用，致向來能臨篆者雖有，而
> 能自運寫傳者則稀。故如奚南薰曾遍臨北魏、隋、唐諸家法書，且
> 篆、隸、行、草無所不修，亦均得精妙，惟稀者爲貴，仍以篆書最

〔註33〕 張自英：〈歌奚南薰〉，《世界畫刊》（臺北：世界畫刊社，1975 年 2 月 15 日）

享盛名。……。其篆於金石古籀曾多所遊涉，但主出鄧完白；所作
神韻雋永、俊逸流暢，風格雖近於吳讓之而較之瘦挺，但筆力之遒
勁、結字之安適，實均有過之。〔註34〕

〔註34〕 林進忠：〈臺灣地區前輩美術家作品特展（二）書法展——觀後〉，《臺灣美術》
（臺中市：臺灣省立美術館，1994）第七卷第一期，第 14 頁。

第六章　結　論

　　本章以回顧前面各章節對於奚南薰專書藝術研究所做的說明、歸納、探析、論述等，作為最後統整結果如下：

　　經由資料介紹了解奚南薰家世及生平行誼，可得知先生家族世代行醫，且來臺後對於臺灣醫壇有相當高的地位與貢獻。雖然先生本業為醫，但不廢筆墨，在書法學習路上勤奮不懈，尤以大病之後，實為令人欽佩。而先生在臺灣書壇亦有交流，常與同好切磋書藝，增進自己對書法藝術的眼界，進而提升自己的能力。且先生在藝壇上名氣甚高，在五十九歲之時，代表臺灣至韓國推廣書法藝術，擔任書藝交流大使，對於往後與韓國之間的交流，是功不可沒的。

　　在歸納奚南薰的書法淵源之後，可知先生自幼廣學碑帖，根基深厚，以先生所著〈駑馬十駕〉與〈我的自南而北〉兩篇文章，了解先生自幼到老習書的過程。先生認為由於先天稟賦的不同，各有所偏，對於學習書法更是謙虛自認才能駑鈍，必須加倍用功，認為習書過程應為「十年習楷、十年習隸、十年行草、十年習篆」。致使先生對於書學上的基礎十分雄厚，也在各體書藝表現上，大放異彩。而先生來臺前與後，在行醫之餘，亦有參加藝壇之相關活動，尤在陳其銓所劃分臺灣書法發展的「復甦期」與「重振期」期間更是活絡，最後於民國六十四（1975）二月二十日至二十五日年抱病舉辦個人書法創作展，為他一生對書法藝術的詮釋，做一次完整的呈現。而在書寫技法上知道以低懸腕執筆法來書寫篆字，由中鋒使線條圓健，亦能布局字體結構間的布白，使字體更為均勻對稱。

探析奚南薰在篆書藝術的特質之前，進行彙整相關作品資料時，發現臺中市元成出版社在編輯《奚南薰篆書集》過程中把款文清除，只留簽名的對聯作品，導致有十八件奚南薰篆書對聯出現「本文相同，款文不同」的差異，所以十八張對聯作品實爲九件。而先生無紀年作品數量頗多，爲分析先生書風的轉變，其推算未紀年作品爲必要條件。以有紀年作品的署名來推算未紀年作品的時代，而歸納出前期（44～55 歲）、55 歲前後之際與後期（55～60歲）的三種分類法。在研析先生學書歷程中，先生自認喜好臨習字數較多的歷代碑帖，且只注意精神意態，用自己筆法成一個面目，致使臨習時往往會流露出自己的個性痕跡。而受〈石鼓文〉、〈秦公簋〉等秦金石刻之影響極深，且自認如「走鋼索般」的「玉筋篆」與「鐵線篆」實際上也影響先生其後的篆書風格。世人所認爲先生受清代書家鄧石如、吳讓之很大的影響，這都是「同源」的緣故所造成的結果，但經由先生篆書藝術特質分析下，且親見先生生前所用之工具書，絕大部分還是以《說文》爲宗，再善加運用古碑帖及各家之長，有想走出自己面貌。而先生在創作上擅用平穩線條、對稱結構，使作品顯得規整嚴謹，且帶有文人雅逸之風，此與先生愛好文學的特質和嚴謹的個性有很大的關連。

而在眾渡海優秀書家中，大都受大篆書風與碑版、刻石書風的影響，篆字字體豐富多變，而先生卻是以嚴謹、變化不大的小篆書風著稱。奚南薰先生逝世十周年，於歷史博物館有遺作展列，且經由奚門師徒及再傳弟子的輾轉傳揚對於臺灣的書道傳承有一定之影響力。而當世人對於先生有極高的讚賞，致使先生在臺灣書壇佔有一席之地，且與丁念先有臺灣篆隸二妙之稱。

寫篆書，就像繪畫一樣，筆畫上講究均勻、對比、平衡、整齊、劃一；間架中有日月之體、山水之美，鳥獸之象，蟲魚之行。所以，奚南薰不但寫得一手好篆書，且亦旁通隸、草、行、楷諸法。先生汲取古碑帖與各書法名家的長處，並融合自己對書法藝術的造詣，以凝重雅致的古雅之感取代小篆流美婉麗的特色，使在小篆書風創作的艱辛路上，更能展現先生小篆書寫的深厚功力。